河原井純子＝著
Kawarai Junko
斎藤貴男＝解説
Saito Takao

学校は雑木林

共生共存の教育実践と「君が代」不起立

白澤社

◎カバー画＝著者制作「決してあきらめず雑木林の決意」（巻物）より。
本文中挿絵＝著者制作の絵または版画。
写真＝著者提供。

学校は雑木林——共生共存の教育実践と「君が代」不起立◎目次

※「養護学校」は、二〇〇六年の学校教育法改正に伴い「特別支援学校」と名称が変更されていますが、本書では、当時のままの名称を用いています。

第1章 新米先生だったころ

1 口先だけの教員にはならない

私は、大学を卒業して、すぐには教員にはなりませんでした。子どもたちは大好きでしたが、教員は口先で偉そうなことばかり言っているように感じられたので、本当のところ「教員」という職業があまり好きではなかったのです。

社会人としてのスタートは、新聞の小さな求人欄で見つけた東京都青梅市の「知的障がい」の人たちが生活している児童収容施設（当時はこのように呼ばれていた）の指導員でした。

この施設に向かう都バスを牛がゆったりと横断して止めたことに魅力を感じて、その施設の指導員を即決しました。いまでもその光景を鮮明に覚えています。

施設労働者としての三年間は、まさに体当たりの日々でした。そこで気付いたこと、学んだいろいろなことは宝物で、三四年間の教員生活の礎を成しています。教育実践、教育活動の根幹を貫いています。

一九七五年、口先だけの教員になることはよそうと決意して、都立高島養護学校（板橋区）の教員になりました。

「知的障がい」の施設で働いていた私は、当時養護学校の教員として、引っ張りだこでした。「ぜひ、来てください」の大歓迎のなかで教員になりました。幸せいっぱいのスタートだったのです。

最初の出会いは、小学部の一年生でした。個性あふれる子どもたち一〇名、女の子二名、男の子八名のクラスでした。

新設二年目であった学校は、学校中が創りだすエネルギーで満ちあふれ活気がありました。学校全体のことを決定していく「職員会議」は民主的に運営されていて、老若男女を問わず、自由闊達に議論しあっていました。

校長が腰手ぬぐい姿で授業に入る日もあり、子どもたちひとりひとりの事をよく知っていました。いまでは考えられないことです。

校長・教頭の言葉は、いまもしっかりと私の中に息づいています。

「教員は研修が命。音楽の教員が音楽だけ研修していてはだめだ。研修は広く深く……」

「教員は井の中の蛙だ。くれぐれも井の中の蛙にはなるな！」と熱く繰り返していました。

Bさんは、すべてがゆったりと動く子であり、どこまでもマイペースを守る子でした。そしていつも九人の友だちの後を、かなりの距離をおいて歩く子でした。

ある日、そのBさんが手洗い場で、じっとしていました。背中はなんか楽しそう!!です。「何をしているのだろう」と、のぞきにいきますと、よく閉まらない水道の蛇口から、雫が「ポタ、ポタ、ポタ」と落ちています。その下には洗面器が置いてありました。雫の踊りを、じっと見入っているBさん。私も魅かれました。ふたりで雫の踊りの虜になってしまいました。Bさんはしばらく動きそうもありません。

ふたりの背中に、「はやく、はやく」の言葉がぶつかってきます。しかし、雫の芸術は続いています。

三四年前のある春の日の出来事でした。

2　落ち着かない月曜日の授業づくり

四方八方に散らばっていくたくましく元気のいい子どもたち一〇名を前にして、若い三人の担任たちは、途方に暮れていました。

担任による学級会は、毎回、「どんな授業を創ろうか」ということで白熱しました。ひとりひとりの子どもたちのケースについて、毎日時間があれば話し合っていました。それらのひとつひとつが授業づくりの貴重な素地になっていきました。

担任ひとりひとりの教育観、児童観、そしてそれらから広がっていく授業づくりが議論されました。若い三人は、時間を忘れるほど、集中し、大いに燃えました。情熱と情熱のキャッチボールでした。

その時の学級会の議題は、「子どもたちが落ち着かない月曜日の授業をどう創るか」でした。家では、あまり外に出ていない子どもたちのようすなどをふまえて議論が始まりました。

「養護学校は、子どもたちひとりひとりの生活体のある地域から遠く離れている。そしてまた、この学校の存在も、近隣の人たちにあまり知られていない。子どもたちと地域巡りをしたらどうか」。

「登下校が、家の近くからスクールバスで学校の玄関まで、学校の玄関から家の近くまでというふうに、歩くチャンス、人やものや事に触れるチャンスがとても乏しいのではないか。そんな意味でも、郊外の青空授業を実現しようよ」。

「学校の立地条件がすばらしくいい。自然に囲まれていて、緑がすこぶる豊か。それでいて、住宅地や高校・大学が近くにある。いろんな内容の地域巡りが組めそう。ぜひ、具体的な計画を立てて、実践してみよう」。

毎週月曜日の授業は、校外学習・地域巡りと決定しました。

あたたかく風爽やかな散歩日和の日、子どもたち同士のペアが二組で四人と、三人の担任の両手に合わせて六人の子どもたちと、いざ、出発!! 初めての地域巡りに。

一三人の一行は「散歩」の歌などを大きな声で心地良さそうに歌いながら、浮き浮きとしています。頬をなでる風も清々しく、それぞれに、教室では決して味わえないものを満喫して幸せでした。

まず、公園に寄りました。

すでに、保育園の子どもたちが、一五名くらい、のびやかに遊んでいます。

わたしたちは、心の中で「やったあ、チャンス!!」と叫んでいました。ブランコ、すべり台で、まざり合って遊んでいます。嬉しい光景と微笑んだとたん、すぐに頭を「ゴツン」とたたかれて大泣きのDさん。それが一件落着して「ほっ」としていると、今度は、得意の足蹴りをして保育園の活発な女の子を怒らせたEさん。涙と怒りと歓声が入り交じります。

地域巡りは、この日をスタートに、高校・大学へと広がっていきました。

月曜日の校外学習・地域巡りは、他の学年にも拡がっていきました。

3　大スケールで「描く」授業

図工・美術の分野の「描く」については、どんな授業づくりをするか大きな課題になっていました。

一〇名の子どもたちの描くという表現活動が、まさに、十人十色であったからです。

絵筆やクレヨンで描くことが大好きで、無我夢中で描くことに没頭する子。絵筆や刷毛で描くより、手指で描くことが得意な子。着ている服がすぐ画面になり、サイケ調な服に変身させる子。今にも消え入りそうな線をおそるおそる描く子。絵筆や刷毛・クレヨンに見向きもしない子。

さまざまな子どもたちと向き合いながら、三人の担任の想いは、ひとつ、

「思いっきり、描いてほしい」
「思う存分、表現してほしい」
「心身共に、解放してほしい」

でした。

それぞれに課題を抱えて、研修会にも出かけていきました。それらを持ち寄り、あれやこ

れやの議論の末、「とにかく、やってみよう‼」と、考えたのが、教室の床一面を画面にという、大胆な「描く」授業でした。

教室には、机も椅子もオルガンも、本棚もありません。床は、前日にモップできれいに清掃されています。大きな雑巾バケツとタライが、それぞれ三個用意されています。雑巾バケツには、あたたかいドロドロの小麦粉のりが入っています。色は赤・黄・緑の三色です。

子どもたちは、プールの授業ではないのになぜか全員、水着スタイル。

「いったい何が、始まるんだろう?」

興味津々の表情です。

まず、タライが教室の中央にやってきます。大きな雑巾バケツから、タライに、赤い小麦粉のりが「ドロ　ドロ　ドロ」と流れていく。

「さあ、みんないいよ!」

とタライに誘うと、プール大好き、水遊び大好き、どろんこ遊び大好きの三人が、タライに「ドブン」と入り込みます。そして、教室狭しと走り回りました。その足跡が描画活動になっていったのです。

次に、同じように黄色の小麦粉のりスタート。三人のお友達の動きを見て、「やりたあ～い」と思っていた四人が描き出します。残った三人は、手で小麦粉のりの感触を感じとっていました。静かに静かにです。最後に、緑色の小麦粉のりの登場です。

足で描く子、腹這いで描く子、前進する子、転がる子、じっくり手指で描く子、と教室の床は、ジャンボ画面に大変身!!　です。

前衛画家たちは、歓声と笑い声とともに表現活動に夢中です。思う存分、表現した後は、温水シャワーを浴びて、ひと休みしました。

週一回、三カ月続けて実践しました。色を変え、温水から、冷水へと変化させながら、多くの人に「えっ」と驚嘆された授業でした。

4　はじめての「ことば」

「知的障がい」の子どもたちの「ことば（国語）」の授業では、楽しい学習が数多く展開できていましたが、大きな悩みも抱えていました。

「ことば」のやりとりで表現をしていない子が、確実にいつ、「ことば」を表出して「ことば」を通しての会話ができるようになるかについては、共通の研究課題でした。

絵本の読み語り、紙芝居、ことばあそび、わらべうた、劇、絵カードと文字カードの合わせ学習などなど、題材を変えながら、心身の解放を願いつつ、繰り返し実践を続けていました。一〇名の子どもたちのなかにAさんがいました。

Aさんは、とても行動的で機敏。

Aさんは、走るのが大好きで素速い。

Aさんは、学校のフェンスを乗り越えて、ひとりで出かける。

Aさんは、行方不明になり、大捜索隊でみつかる。

Aさんは、興味関心があり、研究熱心で独学を好む。

Aさんは、こんな人でした。

Aさんは、行方不明になっても、大捜索の結果いつも無事、学校に戻ってきてはいましたが、やはり多くの教員から問題行動とされていました。

私は、Aさんはものの危険度を、かなり見極められる人と確信していました。二人の担任の了解を得て、私はフェンスを越えるAさんの後を追いかけました。

「いったい、彼は、何をしたいのか?」

「いったい、彼は、何をしようとしているのか?」

案の定、道路を横断する時は、車が来ない時を見極めて、走って横切っています。Aさんは、校外学習・地域巡りで前に立ち寄ったところに再び行って、ひとりで楽しんでいたのです。「そうだったのか」と納得しました。

私が「Aさん!!」と、近づくと、「えっ」という不思議そうな表情はしたけれど、すぐ「にっこりこ」として抱きついてきました。「Aさんのフェンスを乗り越えてのひとり外出を、ただ問題行動として阻むことをしなくてよかったな」と、心から思いました。

その日から、Aさんは、何か伝えたいことがあると、私の手を取って知らせてくるようになりました。

ある日の「ことば」の授業で「たけんこがはえた」をしていました。

「〜たけんこがはえた　たけんこがはえた　ぐるりとまわって　ちゅうがえり」

と、歌いながらするやりとり遊びです。

Aさんは、それが終わると、私を画用紙とクレヨンのある机に連れていきました。画用紙の中央に、黄色のクレヨンで丸を描いて塗りつぶして、それを指しながら、「た、た、た」と言ったのです。

も、もしかして「たまご?」と聞きますと、大きな首の上下の返事の「ウン」が返ってきました。初めての「ことば」に、跳び上がって喜び合いました。「Aさん、やったね!!」と。

「ことば」が出始めたAさんは、その後、ひとりでフェンスを乗り越えることがなくなり、落ち着いて過ごすようになっていきました。

5　保護者会は学び合いの場

保護者会で学び合ったことの多さを、いまもなつかしく思い出します。

私は、月一回の保護者会が、とても楽しみでした。人間っていいなと実感していました。笑いあり、涙あり、まさに人生そのもので、一貫して、あたたかい語らいの場でした。

一〇名の子どもたちは、隣のクラスと合流して二〇名の合同学習を組み、午前中いっぱい保護者会を設定していました。それでも、いつでも時間が足りず、「もっと、話し合いたい」という気持ちを、お互いに残していました。

ひとりの問題は、絶えず、みんなの問題になってきました。

若い三人の担任たちは、保護者が口々に語る、家での子どもたちのようすに熱心に聞き入りました。そして、学校でのようすと照らし合わせたり、「では、どうしようか」と検討したり、話は弾みに弾んでいきました。

また、子どもたちは、一〇名のクラスではなく、二〇名のクラスになることによって、普段見せない姿を見せたりして、ワクワク、ドキドキすることが多かったのです。

わたしたちは、「保護者会の成長」と名付けて喜びました。目の届かないところで発見する自立の姿があるのです。教員のできること、していることなぞ、子どもたちの内なる成長に比べたら、本当にほんの少しと痛感していました。

いつも定時トイレで、排尿していた子が、「トイレに、いきたい」と身ぶりで知らせにきました。いつも手をつながないと、音楽に合わせて歩かない子が、自然にひとりで歩いていました。座りこんで、いつも大泣きしている子が、友だちに誘われて泣くのを忘れています。二〇名の子どもたちは頼もしいのです。

ある日の保護者会。

Fさんの母親が、体を小さくして、切り出しました。声も小さくて消え入りそうです。

「うちの子、みなさんを連れ回してすみません。家でも、近くの公園で、小さい子を公園中連れ回して、苦情が絶えなくて、困ってしまう」と。

すぐGさんの母親が、「あら、うらやましい。うちの子は、人にまだ関心を示さずに知らん顔。どんどんFちゃんに迫ってほしい」。

Hさんの母親も、「Fちゃんのこと、家の周りの人に、もっともっとPRして、知ってもらったらいい。Fちゃんがいることが、あたり前のことになればいいのよ」と、続きます。

「そうよ」「その通りよ」と、Fさんの母親を励ます言葉がとび交います。

わたしたちも、「クラスのなかで、Fさんの存在は大きい。大人との関わりでは、決して生まれることのないものを、Fさんは、友だちに、いろいろと発信し、仕掛けている」と、学校でのようすを紹介します。

Hさんの母親が、「わたしたちは、お互いに迷惑かけ合いながら、生きているのよ。そのことがあたり前になるといいわね」と、話が尽きず、内容の濃い保護者会でした。

6　高校生との交流もちつき大会

隣に高校があり、絶えず若いエネルギーがフェンスを乗り越えて届いていました。

高校とは、校外学習・地域巡りでも遊びにいったり、その後、Aさんがフェンスを乗り越えて、ひとり訪問したりして関係が深まっていました。隣同士で仲良しでした。

当時の高校は、門が開放されていて、「だれでもいつでもいらっしゃい。大歓迎!!」といった感じで、訪ねやすかったのです。

二学期も終了に近づいた頃、もちつき大会が計画されていました。わたしたち三人の担任は、学級会で、「校外学習・地域巡りで、高校と関係が生まれてきている。高校生たちと一緒にもちつきをしたらどうだろう」と話し合っていました。若いエネルギーに期待したいという想いで、職員会議に提案すると、全員一致で決まり、交流もちつき大会となりました。

地域巡りの日、すでに高校にもちつき大会の了解を得ていましたが、子どもたちと高校に立ち寄り、「もちつき大会、よろしくお願いします」と伝えにいきました。高校は初めてのことで張り切っていました。

打合せで、高校の体育館で、高校一年生の一クラスと交流もちつき大会をすることになりました。

もちつきの道具一式は、学校から、子どもたちとリヤカーで運び入れました。割烹着《かっぽうぎ》姿の保護者も何人か手伝いにきています。

調理室から、あつあつのもち米が運ばれてもちつき大会のスタートです。

「〽ペッタン　ペッタンコ
　ペッタン　ペッタンコ
　おもちを　ついて　食べましょう
　ペッタン　ペッタン　もちつきだ」

のもちつき唄を、二回繰り返して歌って、さらに、雰囲気が盛りあがります。

まず、もちつき名人の、模範もちつきに、「ヨイショ、ヨイショ」と掛け声が合わさります。体育館中、熱気で、ムンムンです。

次のつき手は、高校生と子どもたちが二人一組になって待機しています。どの高校生も、不思議と気負わずに自然体で、子どもたちとペアを組んで、もちつきをしています。杵を一緒に持って「ペッタン、ペッタン」と、ついています。なんか、あったかい光景です。妙に力が入った関係ではなく、「ではやるか！」とつき合っているのです。望んでいただけに、うれしかったです。子どもたちだけを残して、学校に戻ってもいいと思えるほど、「ほっ」としていました。高校生に心から感謝です。

Aさんは、頑強な高校生に肩車をしてもらって、ご機嫌です。

「また来年度も、もちつき大会をぜひ、わたしたちの学校で」と、考えていました。

校外学習・地域巡りから、交流へと実現した授業でした。若い三人の担任たちはエネルギーに満ちあふれていました。

二〇分位歩いたところに、大学があります。次回の地域巡りは「大学へ」と決定しました。

7　捨てられた整理ダンスで図工の授業

毎週月曜日の地域巡りから、わたしたちは多くのことを学ぶことができました。

まさに「巡る」学習の実現です。

近くの団地の粗大ごみ置き場に、宝ものがいつも山積みになっていることを知ってから、わたしたちは、リヤカーを引いて地域巡りをするようになっていました。ある日、整理ダンスが置いてあるのを見つけました。「しめた!!」です。

一階の管理人のおじさんに、おそるおそる「あの整理ダンス、教材に使いたいので、いただいていいですか?」と申し出ますと、「おう、使えるかね。そりゃいい、持っていきな」と穏やかな返事が返ってきました。

ゆったりとしたいい時代でした。

ふたりで、整理ダンスを運ぼうとすると、子どもたちのなかの力持ち二人がさっときて、一緒にタンスを持ってくれました。うれしい助人です。「ヨイショ」「ヨイショ」「ヨイショ」と、リヤカーまで運び、バランスを取りながらリヤカーを安定させます。整理ダンスを、「いい、そーれ、ヨッコラショ」と呼吸を合わせてリヤカーに乗せました。

ひとつの共同作業が無事終了です。

帰り道、わたしたちはこの整理ダンスを表現（図工・つくる）の授業で、大変身させようと話し合っていました。

化粧板がはがれていたり、いろんなかたちのシールが所狭しと貼ってあったりの整理ダンスは、活きていた時間の長さを物語っていました。かなりの年代物です。私は、解体寸前で整理ダンスを助け出すことができてとてもうれしかったのです。この世に捨てるものなど何もないという想いで暮らしていますから。「捨てられたものに再び命を」にエネルギーを注ぐことが幸せでした。

大変身の第一日目（化粧板は修繕済みです）。

まず、みんなでプール横の水道でタワシや素手で「ゴシゴシゴシ」と洗います。もちろん全員水着スタイルです。

「キャッ」「キャッ」「キャッア」の歓声と水しぶきが飛び交い、じつに楽しい心身共に解放される時です。子どもたちも大人たちも共にです。整理ダンスに心から感謝！

小さな引き出し、大きな引き出しが外に並べられます。大きな引き出しは二人分です。

興味関心が自然にわかれます。素手でシール剥がしに集中する子たち、タワシで洗い続ける子たち、水遊びに徹する子たちとさまざまです。

大変身の二日目。

ぬりたくり・色づけの日です。

一〇人の子どもたちは、ひとりひとり自分の「色」を持っていましたので、刷毛でていねいに引き出しの前板をぬりたくりました。自分の引き出しのできあがりです。

着替えの洋服の予備を入れるカラフル整理ダンスの再生。偶然にも引き出しが一〇個だったのがなぜかいまも忘れられません。

8　土曜日はおいしい授業

当時、学校は土曜日も授業が毎週あり、学校全体で楽しく、おいしい授業が組まれていました。

スクールバスで一時間以上もかけて登下校する子どもたちが学級に何人もいました。十一時半下校だったので、家に着くのは一時近くになるのです。車中、おなかぺこぺこの空腹マンです。スクールバスの添乗員さんから、懇談会のたびにこんなことが報告されていました。

「イライラして泣き出し、落ち着きがなくなる」。

「隣の友だちに、ちょっかいを出して大げんかになって困ってしまう」。

当然起こりえることでした。

わたしたちは、それらの報告を受けて学級会、学年会、職員会議で「土曜日の授業について」話し合いをもちました。

その結果として、各学年で「たべものづくり」に取り組むことになりました。

つくって、食べて、片付けて、十一時半にはスクールバスに乗るスケジュールでは、つくれるものはかなり限られていました。しかし、各学年、創意工夫し、充実した土曜日になり、その日は、学校中おいしい匂いに満たされていました。

小麦粉シリーズでは、お好み焼き・ホットケーキ・手打ちうどんなどなど、またカレーライスに具だくさんの豚汁と、いまでも鮮明に思い出します。みんな不揃いだけどおいしかったのです。

わたしたちの学年は、晩秋の頃から隔週でやきいもづくりをしました。

前日は、大きな袋に落ち葉拾いです。何人かは、校庭を走り回る風の子ですが、明日何をするかよくわかっている子は、大人のまねをして箒で落ち葉を集めています。「〽やきいも、やきいも、おなかがグー」なんて、やきいもの歌を歌いながら得意気です。

わたしたちには、やきいもをよりおいしく焼きあげる秘密のものがありました。地域めぐりで得た古畳です。古畳はリヤカーで五枚運びました。三枚は、これまた救いあげた座卓をのせて教室の憩いの空間になっています。子どもたちは、この三畳間が大好きでごろんと寝ころんで遊んでいます。

あとの二枚は、さつまいもをゆっくりとじんわりと焼きあげています。畳焼きやきいもは、格別の味わいがあり、「サイコー!!」と自画自賛していました。かなり食べ比べての結果です。やきいもができあがるまで、火の周りで火の見張り番を代わりばんこにします。火の番は大切な仕事です。

「おーい、やきいもができたぞー」と校庭に大きな声が響きわたると、自転車やリヤカーや遊具で遊んでいた子どもたちが集まってきます。もう期待感でいっぱいです。

「〽やきいも、やきいも、おなかがグー……そら、やきいも、あつめて、グーチーパア」と歌いながら、火の中からやきいもを拾い出し、「いただきまあ〜す」です。

9 宿泊学習での貴重な体験

私は宿泊学習が大好きです。

子どもたちと学校—授業の関係だけではなく、学校外のところで共に過ごすことがたまらなく楽しかったのです。学校では、決して出会えないことにふと出会ったりでき、貴重な体験をします。

病気休暇の人や妊婦のいる学年集団から、宿泊学習への応援依頼が来ると、私は積極的に出かけていきました。いままで、他学年の応援にどれだけいったでしょうか。

一学期後半、もう少しで夏休みという時期に、一泊二日で埼玉県飯能市での林間学校に出かけました。

周りの自然は深く静かで、澄んだ川の流れとともに、いまでも清々しい想いが蘇ってきます。

学校では恐いもの知らずで、学校狭しと駆け回り元気いっぱいのNさんが、夕食のカレーライスができあがったころから、表情が硬くなり元気がなくなりました。そのうちに、シクシクと泣き出したのです。学校のようすからNさんが泣き出して、大好きなカレーに手を出さないということが意外でした。

理由はいろいろと考えられます。

「いつもとちがうよ。どうして?」

「いえに、かえりたぁい」

「おかあさあーん、おとうさあーん」

「バスにのりたい」

「はやくおむかえにきて」

などなど、泣いて泣いて泣き続けています。

周りの教員たちは、なんとか気分転換をはかろうと躍起になっています。

Nさんは、そう簡単には泣きやむ気配がありません。

カレーライスをスプーンで口元まで運び、「食べようね。カレーライスおいしいよ。一口だけあーん」なんて話しかけていますが、Nさんは見向きもしません。とにかく「食べさせよう。食べさせよう。一口でも食べてほしい」という気迫が充満していました。ある意味「剛」

の空気です。

ところがそのうち「一食ぐらい食べなくてもいいっか」とみんなの気持ちがひとつになった時、Nさんの周りの空気が一変しました。「剛」から「柔」の空気が流れました。

泣きじゃくっていたNさんは、やがて泣きやみました。いっぱい泣いて、おなかも空いたのでしょう。Nさんは自分からカレーライスを食べ始めました。なんと、おかわりもしたのでした。一件落着です。

次の日、川遊びをしました。

Nさんは、昨夕のことなぞすっかり忘れて、川遊びに夢中です。お尻から飛び込んで、一番高く水飛沫《みずしぶき》をあげています。学校で見るNさんの姿でした。

一泊できるかなと宿泊学習の前から心配していたGさんは、意外と心身共にタフで、たくましく一泊二日を楽しめました。学校で泣いてばかりで、保護者会で母親と別れる時も大泣きするGさんです。

宿泊学習はふだん見られない、いろんな顔に出会えます。

10　にぎやかな父親参観

父親参観日がありました。
父親だけではなく、両親、おばあちゃん、おじいちゃん、妹や弟も一緒に参観に来ているので、教室は大にぎわいです。和やかな空気が流れています。
授業は「音楽」です。
「森の音楽会」の楽器演奏の五回目でした。一回目は紙芝居で「森の音楽会」の内容をお話でした後に、実際に動物になって楽器演奏、悩んで悩んで動物を選んでいます。
こりすグループ（三人）鈴の楽器
ことりグループ（三人）カスタネット
こざるグループ（三人）タンバリン
たぬき　　　（一人）大太鼓
一〇人の子どもたち、かなりやる気です。
「〽わたしゃ　おんがくかのやまの　こりす　じょうずに　すずを　ならしてみましょう
リリ　リリ　リン　リン　リン
リリ　リリ　リン　リン　リン
リリ　リリ　リン　リン　リン
リリ　リリ　リン　リン　リン

　いかがです」

こりすグループ、ことりグループ、こざるグループ、たぬきとすすんでいき、最後に、

「〽わたしゃ　おんがくかのやまの　どうぶつ　じょうずに　がっきを　ならしてみましょう
　リ　リ　リン　リン　リン
　タ　タ　タン　タン　タン
　パ　パ　パン　パン　パン
　ド　ド　ドン　ドン　ドン
　いかがです」

と同時に演奏して、「森の音楽会」は興奮のなかで終了します。

子どもたちは、いろんな動物になって、演奏していました。

いよいよ、父親参観日です。

父親をかなり意識している子、もう授業どころではなく父親とべったりしている子、あまり表情を出さない子など、さまざまです。

「森の音楽会」は、大拍手のなかに、演奏が終了しました。みんながひとつになっていました。

次は、父親が「たぬき」になる番です。

「〽わたしゃ　おんがくかのやまの　たぬき　じょうずに　タイコをたたいてみましょう

ドドドンドンドン
ドドドンドンドン
ドドドンドンドン
ドドドンドンドン

いかがです」

と大太鼓をたたきます。

初めての「たぬき」の演奏です。はやまったりおくれたりの連続で、教室中笑いの渦です。笑いが笑いをよんでいます。

妹や弟だけでなく、おばあちゃんやおじいちゃんも、演奏の人となり、大合奏となりました。演奏のあとの懇談会で、「久しぶりに楽しいことをした」と大好評でした。

11 謄写版とやさしさ

私が教員になってから三年間は、学校のすべてのプリント印刷は謄写版《とうしゃばん》刷りでした。蝋原《ろうげん》紙《し》に一字一字、それはそれは想いを込めて、ていねいに鉄筆で切っていきます。「カリカリカリ」という鉄筆の音、ゼットライトに照らされて、どんどん濃くなる蝋の臭い、つい力を入れすぎて原紙に穴を開け後からセロテープで補修と、思い出は尽きません。

文字にしても、挿絵にしても、手書きのその人なりが表現されていて、実に味わい深いものがありました。一目で「○○さん」と書き手がわかりました。人間の呼吸が感じられない印刷物はなく、配られるプリント一枚一枚がとてもいとおしいのです。わら半紙も大切に大切に使われていました。

ある金曜日の放課後、私は土曜日発行の「学級通信」を印刷するために、印刷室にいました。教頭が、職員会議提案のプリント印刷のために、印刷室に入ってきました。謄写版は、二台並んで置いてありました。

「これから印刷するの?」と教頭が聞いてきます。「はい、印刷します」と答えると、「連《れん》くん（私の第一子で当時四カ月）が保育園で待っているよ。ぼくが刷っておくから、はやく迎えにいってあげなさい」と言ってきました。

校長も、教頭も、学校の子どもたちのことをよく知っていましたが、教員の子どもたちのことも、名前だけでなくよく知っていました。

放課後、お茶を片手に、職員室ではよく語り合いました。教育論から子育て論議まで、話は尽きなかったのです。開放的な空気が流れていました。

「育児」は「育自」と、根元的なものに気付いたのもこの頃だったと思います。

熱出しなどで、保育園から突然の呼び出しがあれば、教室に教頭が飛んできます。「すぐに迎えにいくように」と、心配そうに言いながら、さりげなく授業に入り補教をします。去っていく私の背中に、「明日も休んで看病してあげて」と、同僚のやさしい言葉が追ってきます。いまも、その情景が鮮やかに浮かんできます。なんと、やさしい関係が創れていたのだろうと感慨深いものがあります。

今、「やさしさは、想像力」という瀬戸内寂聴さんの説法の話が重なってきます。「人間一番大事なのは、やさしいということ。子どもには、偉くなれ、金持ちになれと言わずに、やさしい人に、他者の苦しみが想像できる人になれと育ててください。男も女もやさしけりゃいいんです」と。

謄写版が学校から消えて久しくなりました。現在、学校で配布されているプリントに「これは○○さんが書いたプリント」と想いを馳せることもなくなりました。それと同時に教員ひとりひとりの個性も消失しているように思えてなりません。

謄写版の思い出は、なつかしい蝋原紙の臭いとともに、やさしい人間関係が学校や社会で不可欠なものであることを想起させ続けてくれます。

12 職員会議は最高議決機関

二〇〇八年現在、東京都教育委員会は「職員会議における挙手・採決の禁止」などと時代錯誤も甚だしいことを強制していますが、当時の職員会議は民主的に運営されていました。だれもが職員会議を最高議決機関と位置づけ確認していました。老若男女、自由闊達に意見を述べ合う場であり、真剣さに充ちていました。

学校全体のことは、職員会議で論議して論議して決定していました。校長も教頭も対等平等な関係のひとりとして、意見を述べるのが当たり前でした。私は、ひとりひとりが大切にされる職員会議が大好きでした。

その日の議題は、決して受け入れることができない「主任制度化について」でした。

保育園の迎えのある人も、連れ合いや知人に迎えを頼んで会議に臨んでいました。

「主任制度化について」と大きくそして力強く板書されていました。

会議室は初めから緊迫した空気が充満していました。わたしたちが、長年大切にしてきた対等平等な関係を根底から切り崩す制度です。「主任制度」への反対意見が続出していました。

「学校は企業と違います。会社にあるようなピラミッドは不要です」。

「主任の仕事内容がよくわかりません」。

「主任の仕事とされているものは、いまと同じようにみんなで分担すればいいと思います」。「中教審答申の具体化のひとつとしての『主任制度』であるが、上意下達は廃したい。すべての労働は、命令・強制から解放されるべきだと思っている」。「学校現場・教育現場に、管理や監視はなじみません。主任は中間管理職。管理職は、校長と教頭だけで十分です」。「主任制度が導入されても、私は絶対に主任にはなりません」。

この意見に、「同感」「賛成」「異議なし」などの支持発言が続きました。

教頭も、「主任のいない今の学校体制で何も問題は起こっていない。主任の必要はないでしょう」と続けました。

みんなの意見を黙ってずっと聞いていた校長が、「今日の職員会議の結論・決議を都教委に持っていきます」と述べました。

すぐに用意してあった「主任制度化が導入されても、私は主任になりません」という署名用紙に、全員署名捺印しました。

組合の職場会でも、並行して「主任制度化について」の議論が深まっていきました。反対の意志を伝えようと、ゼッケン、のぼり、横断幕をつくりました。職員会議に出された意見を要約してデザインして、みんなで全力を注いで仕上げました。デモにも出かけました。

職員会議が、議論の場であり、最高議決機関であった時代、職員ひとりひとりの顔がはっきりと見え、公私ともにとてもパワフルでした。

この「主任制度」は組合を先頭に全都で反対行動が力強く起こりましたが、強行されてしまいました。しかし「主任制度化が導入されても私は絶対に主任にはなりません」という決意はその後、主任手当を個人のものにせず法務省に供託したり、音楽会や映画会などを企画して都民や子どもたちに還元していくという形で、「主任制度」そのものを形骸化していく努力を学校ぐるみで継続していきました。

第2章 八王子養護学校ゆっくり実践記

1 並ばない歓迎会

一九八六年四月に、都立八王子養護学校（東京都八王子市）に異動しました。歩いても通勤できる距離です。

当時、二女二男の子たちがいて、連《れん》・九歳、界《かい》・八歳、世《せい》・五歳、合《あい》・二歳でした。世と合の保育園が遠く離れていることが悩みでした。連れ合いは、家事労働を共にする人で、子産み準備として「おしめ」を一緒に縫ったりしましたが、保育園が二カ所に遠く離れていることは、毎日のことなので、とても厳しかったのです。なるべく自宅近くの学校に異動したいという希望が実現した、うれしいうれしい八王子養護学校への異動でした。

毎日、毎日、驚きと喜びの連続でした。

異動してすぐに、新転任者を歓迎する集いがありました。

当時の校庭はその半分が芝生でした。そのまんなかに和太鼓がセットされ、何人かの子どもたちと青年たちと教員が「ドーン」「ドーン」「ドーン」と、和太鼓をたたき始めます。和太鼓の音は、天高く響きわたっています。

どこからともなく、子どもたちがピョンピョンはねたりしながら、うれしそうに芝生の上に集まってきます。そして、思い思いの所に座ったり腹這いになったりしています。

私も高等部一年生のクラスの青年たちと一緒に芝生の上に座り込みました。芝生の「ざわっ」とした感触とひんやりさがすこぶる心地良いのです。

歌が始まり、新転任者のひとりひとりの自己紹介と進んでいきました。生徒会の人たちが自信をもって進めていました。実に頼もしいです。

私は、自己紹介のなかで、「こんな集いを校庭の芝生の上ですることの新鮮さや、和太鼓で集まってくる楽しさ」を語りました。その日は、いつまでも全身が弾んでいるのがわかりました。「起立」「礼」がないこともさわやかでした。

その日の四月のやわらかい陽射しと清々しい風も共に歓迎してくれていたことを二〇年経ったいまもはっきりと覚えています。

「春駒」の躍りを、みんなで楽しく踊って集いは終わりました。

高等部生は、中学部から進学してくる人と、地域の中学校から入学してくる人とがいて大所帯になります。

私は、教室や学校や社会は、もともとひとりひとりが大切にされるところ、違いを認めあうところだと思っています。一本一本の「雑木」が大切にされて共生共存している「雑木林」。教室や学校や社会を「雑木林」にしたい、と強く願っています。その「雑木林」がより雄大になるのです。

木工班の作品と校庭の芝生の上で

集いが終わっても、わたしたちのクラスは芝生の上に残りました。芝生の上で、裸足で相撲を始めている人もいます。心身共に解放感でいっぱいです。

地域の中学校から入学してきたAさんが、「先生、この学校『起立』『礼』しないんだね。へんな学校っ」と言ってきました。中学校で、いや、もしかしたら小学校から「起立」「礼」で、毎日、毎日授業の開始や終了をしてきたのでしょう。それがいきなり「和太鼓」の音です。Aさんにとっては、八王子養護学校は、どうも「へんな学校」としてスタートしたらしいのです。かなり不満そうです。

私はAさんに「そのことについて、ホームルームで話し合おうね」と応えました。

「新任者を歓迎する」集いは、Aさんと違い私にとって八王子養護学校一〇年間の感動的なスタートでした。

2 ある日のホームルーム

一学期の係活動の仕事や生徒会の委員会の分担を決めるホームルームの時間。

高等部一年生の一学期は、何もかもが初めてのものばかりで、話し合うことが多いのです。

ホームルームの進行係は、その日の日直のBさんでしたが、Bさんはあまり言葉がすらすらとでないので、Aさんと一緒にコンビを組んですすめていました。Aさんは、「〇〇でいい?」などとBさんに確認をとりながら議事進行しています。時間をかけていろいろなやりとりをしながら、やっと係活動の仕事と委員会の分担を決めることができました。しかし、ホームルームはそれで終了しなかったのです。

Aさんは、ホームルームで話し合いたいことがありました。

「起立」「礼」のことです。

「私は、授業の始まりと終わりに、『起立』『礼』をした方がいいと思います。みんなは、どうですか?」と投げかけました。

クラスに地域の中学校や特殊学級（通常は障害児学級と呼ばれている）から入学してきた青年たちが一〇名中七名いました。

Cさんが、一呼吸おいて「ボ、僕は、『キ、起立』『レ、礼』は、カ、固いからいらない。シ、しない方がいいと思う」と言いました。

彼は、中学校時代、ビシビシと厳しい三年間をすごしてきました。言葉がすぐに出ずに、少々吃《ども》ることを、ご両親が心配していました。Cさんのご両親も、八王子養護学校のおおらかな校風を、大変気に入っていました。

Cさんが、緊張して少々躓《つまず》きながらも、みんなの前で自分の意見をはっきりと発音したことに、私は「ほっ」としていました。そして尋ねてみました。

「このあいだの校庭でした新転任の歓迎会、和太鼓で始まったよね、『ドーン』『ドーン』『ドーン』と。あれどうだった?」と。

すると、すぐにDさんが「タイコは、わかりやすい」と応えました。

私は、八王子養護学校の中学部から進学してきたEさんに、「『はじめます。ドーン、ドーン、ドーン』の太鼓の音、Eさん好き?」と聞いてみました。

Eさんは立って即座に和太鼓をたたく姿勢になり、あたかもバチを持っているかのように、たたいてみせました。Aさんは、そのようすをみて、「そうか、Eちゃんは、タイコで始まるんだ」と納得しました。

ひとりの担任が、「授業の始まりと終わりをどうするかについては、そもそも何の決まりもないんだ。話し合って決めたらいい。号令でみんなを動かさない、動かしたくないと思っている。この学校、チャイムもないだろう。ノーチャイムだ」と話しました。

その後の話し合いの結果、日直が「はじめます」で授業開始され、「おわります」で授業が終了することで一致しました。

どちらも座ったままで立たずにです。

3 対等平等を追いかけて

八王子養護学校は、対等平等な関係を日常的に追求していることが、いろいろなところにみられ、そのひとつひとつに感動の日々でした。実現させたいことが実現していたのです。「学校とは、何か」「教育とは、何か」という根源的な問いかけ、論議を根幹に据えていたのでしょう。それらが具現化されていました。

まず、会議の運営のあり方です。

全体会議が、議題の内容により職員会議と教務会（教員の会議）とに分かれていました。職員会議は、教員以外の他職種の人も多く出席できるように、配慮されていました。寄宿舎に勤めている人が、ひとりでも多く職員会議に出られるように、教員が「舎当番」として各学部から何人か輪番で交替しました。用務員さん、事務職員さんも輪番を組んで出席していました。司会・記録は、もちろん輪番で、全員で運営していました。職員会議は、初めに各学部の定足数を確認する、最高議決機関という位置づけでした。いつも真剣な議論が繰り返されていました。

子どもたちと芋ほり

次に、感激したのは、校内分掌組織です。どこを探しても、「主任」など設置できないように創意工夫されていました。どこの学校にも、当然のこととしてあった、「教務部」「生活指導部」などの分掌名がないのです。革新的ですっきりとしていました。「教科書係」「教育実習生係」「迷子係」「地域交流係」などなど、すべてそれらの分掌の仕事内容で明示されていました。そして、そのひとつひとつの係は、どこまでいっても横並びで、決してピラミッド型にはならないのです。この発想の源に、主任制の拒否が確認されていたのでしょう。分掌組織に、その意思を具現化したところが創造的です。ひとりひとりの「本気」が伝わってきます。

宿泊を伴う校外学習の引率にも、うれしいことが実現していました。事務職員が、青年たちの宿泊学習に教員たちと一緒に引率にいっていたのです。

当時、まだおおらかな素地はあったと思いますが、根底には同じ学校現場で働くすべての職種の人たちの同一賃金の理念があったようです。教員だけが決して特別の存在ではない。対等平等な関係を、具体的にどう創っていくのか、そんな試みのスタートだったのでしょう。

それから、指導要録の評価・評定に関わるところは斜線表記で無記入としていました。学期ごとに出す学習の記録（多くは通知表と呼ばれているもの）は、全体の学習のようすを知らせる冊子とひとりひとりへの手紙でした。「なるべく評価をしない」という姿勢がありました。

学校行事の名称も、いろいろと考案されていました。「儀式」を排しすべて授業という位置づけでした。

一学期始業式は、一学期はじまりの会。

一学期終業式は、一学期おわりの会。

入学式は、入学歓迎会。

卒業式は、はげましの会。
それぞれ、各学部から係がでて、係から実施案（原案）が職員会議に提案されて論議されました。毎回違った内容が練られていて斬新でした。

4 絶対に分けない

養護学校の高等部で学ぶ青年たちは、「オギャー」とこの世に誕生したときから、「障がい」があるというだけで、乳幼児の頃から遊んだり学んだりする場や空間を、「障がい」のない人たちと、一方的に分断されてきています。「障がい児のための幼児施設」から養護学校の小学部・中学部・高等部とすすんできた青年たちです。

または、保育園や幼稚園・小学校・中学校で「障がい」があってもなくても、地域であたり前に遊んだりしてきたのに、高校入学時に行き場を失い、やむなく養護学校高等部に入学してきた青年だちです。

養護学校の中学部から進学してきた青年たちと、地域の中学校から入学してきた青年たちを前にして、毎年、高等部一年生の国語と数学（読み書き算盤《そろばん》）をどのように創っていくかは、大きな課題でした。

「学年会」は、学年の実践全般の事を、いろいろ論議して論議して決定していく会議で、教育観・学校観・人間観などがそのつどぶつかり合います。いつもかなり激しいものでした。

この時の学年会も、大きく激しく揺れました。

「生まれた時から、分けられて、ここまで分けられ続けてきた青年たちである。いかなることがあっても、絶対に分けない。各クラスみんな一緒の学習グループで実践したい。分けることは、青年たちの側にたった発想ではなく、わたしたち大人側にたった授業のやりやすさである。分けないところでの授業内容の研修を深めていくべき」という考えの教員集団と、「障がいの程度に応じた課題別学習グループをクラス集団とは別個につくり、実践を進めたい」という考えの教員集団と、論議は白熱しました。どちらも一歩も譲れない内容でした。

論議を継続して何回も繰り返した後、結論として二点を確認することができました。

一、創意工夫しながら分けないで、学習を進める。

一、国語・社会を文系に類する学習内容として、数学・理科を理系に類する学習内容として実践していく。理解度を多様にして取り組む。

教員は、文系・理系・ものづくり総合的学習の三グループに別れて担当し、さらに、美術・音楽・体育・各労働の授業を専科の教員を中心に分担し合いました。

分けない授業はどの子も楽しめるように工夫しながらすすんでいきました。

理系の授業「塩の実験」は大いに盛りあがった授業のひとつです。

九月には三泊四日で土肥臨海学園（海の家）に出かけ、海水から「塩」や「苦塩《にがり》」、いわしの味醂《みりん》干しづくりを体験していました。各クラスでは「塩」についての学習が展開していました。まとめとして学年の全体授業日です。

当日、若手教員の扮する塩博士が登場。かなりの短気ぶりを演じて、教室を笑いの渦にしていました。青年たちの理解のしかたはさまざまです。

「塩水は電気を通すか、通さないか」の設問に、青年たちは大きく二分されました。「絶対に通すよ」とHさん。「塩があるから、ダメ」のGさん。じっと考えこんでいる人もいます。

黒板の前に、なんか大規模な装置がセットされています。塩博士、大げさに「スイッチオン」。期待感いっぱいの曲に合わせて「塩（しお）」という字が灯ります。「うわっ、ついた!!」の大歓声!!　「どうして？」の授業はさらに続いていきます。

5　地域にこだわり続ける

八王子養護学校は、学校ぐるみで「地域での共生・共学」を、学校の基本方針に掲げて追求した学校でした。

具体的な活動としては、校務分掌の「地域交流係」と「入学相談係」などが担っていました。私は、「地域交流係」でもあり、「入学相談係」でもありました。全力投球の日々でした。地域交流は、子どもたちや青年たちの居住地を基盤として、六~七地区に分けて、それぞれの地区ごとに特色を活かした活動が取り組まれていました。

私は、そのなかで私自身の居住地区でもあった地区の係になり、動きだしました。八王子養護学校の教員になる前にも地域住民として関わっていたので、なにもかも自然体でした。さらに理解のある小さなお寺の住職とその家族の人たちと共に、地区活動は人の輪を広げていきました。

夏休み中に、「夏期交流会・ふれあい広場」という交流会を実施しました。老若男女がふれあう場として意義深く、またそこから、いろいろな関係が創りだされていきました。日常的な付き合いにまで発展していったこともありました。

交流会の内容は、手打ちうどんづくり、わらぞうりづくり、ふかしまんじゅうづくり、流しそうめんなど、さまざまでした。どの内容の時も、土地の長老や名人たちが大活躍していました。何人もの方が、すでに亡くなっています。心から感謝の念でいっぱいです。夏期交流会だけではなく、年間に何回か「地区交流会」をもち、機会があれば、「地域での共生・共学」の道を探っていきました。

また、四者交流会（「障害児」保育教育実践交流会）を実施しました。八王子養護学校・八王子市内の小中学校・保育園・学童保育の四者による実践交流会で現在も継続しています。「地域での共生・共学」を、より確かに実現するために、四者で行動する会でした。「入学相談係」は、小学部から高等部まで「できれば地域の学校で」を基本方針にして、入学相談、転校相談にあたっていました。

私は、当時も現在も小さな市民活動「八王子保育教育を考える会」の事務局のひとりです。「ごくごく当たり前のこととして、どの子も地域の学校で」を目指す運動体です。

「先生、私は○○中学校にいた時は、『障がい者』だったけど、八王子養護学校にきたら『普通の人』になった」と話してくるAさん。「起立」「礼」にこだわった人です。

ある日の保護者会で、母親のひとりが、「先生、うちの子は養護学校に入学して『障がい者』になりました。家に戻ると、クラスのお友だちのまねをいろいろと披露するの、地域の普通学級に通学していたときには、見られなかった姿です。毎日、家族で驚いています」と話しました。

いろいろな人がごちゃまぜに一緒にいるクラスでは、「障がい者」という存在はなくなり、○○さんという固有名詞での関係が当然のこととして創られていきます。

「障がい」があってもなくても、「地域での共生・共学」をごくごくあたりまえのこととして実践しようとしていました。どこまでも続く「雑木林」を創り続けるために。

6　大胆なフリーデー

当時、どこの学校にも学年学部を超えて実践交流をしようという企画はありました。しかし、その大半は「給食を共に食べる」内容にとどまっていました。

私が教員になる前、施設労働者だったとき「おもいつきの日」という日がありました。まさに文字通り「おもいつき」の日で、予定は未定なのです。費用は予算化されていましたが、内容は白紙状態でした。

その日の朝、グループごとに集まり、「どんな一日にするか」を出し合うのです。「ドライブに行こう」「山へ登ろう」「映画を観に行こう」「昼食はどうする？」「夕食はどうする？」と話し合います。なぜか、短時間で楽しい「おもいつき」が決定するのです。「おもいつきの日」は、私の大好きなもののひとつでした。

八王子養護学校には、一年に一回、「フリーデー」という学年学部を超えた学習日がありました。学校にもこんな大胆な学習が実在していると感動したことをいまも覚えています。

私はすぐに、施設で体験していた「おもいつきの日」を思い出しました。小学部一年生から高等部三年生まで、縦割りでグループ編成します。担任も各グループに別れました。

事前学習として、各グループごとに集まり「フリーデー」の内容について検討しました。何回か「フリーデー」を体験している高等部生が中心になって進行していました。進行役の青年は、「去年は、くり拾いに行き、くりをいっぱい拾いました。学校で茹でて食べました。家にもお土産でもっていきました。楽しかったです」と詳しく話しています。

「今度は、どこにいきますか。いきたいですか」と聞いたとき、しばらくの沈黙の後に、中学部から「おいしいものを食べにいきたい」と提案がありました。「いいね」「さんせ〜い」「たべた〜い」。両手を上げる人もいます。満場一致で決定しました。

いろいろと話し合った結果、歩いていける中華料理店に決まりました。予算に限りがあり、「予約する」ことも含めて、一度来店することになり、進行役の青年と私が交渉に出かけました。

いよいよ「フリーデー」の日です。

小学部一年生から高等部三年生まで、一四名、教員五名の一行です。

高等部の青年たちが、小学部の子どもたちをさり気なく気遣う姿がほほえましく、中華料理店までの長い道々、よくリードしていました。日常では、なかなか見られない姿です。

中華料理店でも、予約した大きな丸テーブルに仲良く座り、嬉しそうです。突然、小学部のひとりが大声で泣き出すと、高等部の青年たちが「どうした、泣くな」「もう少しで、焼きそばくるよ」と自然に声をかけています。学校の給食では決して体験できない事が次から次と起こってきます。

「フリーデー」は、意義深い学習日でしたが、準備の大変さや緊急時の対応のことで多くの教員たちの反対にあい、継続できなかった実践のひとつです。

7 「作業」ではなく「労働」を

これまでの「作業教育」は「労働教育」へと名称を変え、適応主義教育観・教育内容の反省にたって、基礎的技術の教育と社会的有用労働の構想に移っていました。

校内研修会でも「作業か労働か」について論議が繰り返されて、適応主義を狙いとした「作業教育」ではない「労働教育」の授業化が確認されていました。「労働」は教科でした。

各労働の基礎的技術を学ぶとともに、素材に自主的に働きかけ、ものをつくりだす喜びを大切にしながらすすめられていました。

この年の労働班は三班でした。「木工班」「染め織り班」「やきもの（陶芸）班」です。学年の青年たちの数により、この三班に、「畑班」や「紙工班」などが加わり五班の時もありました。

私は、幼い頃より、土と木が、匂いも感触も大好きでした。木工道具の取り扱いもそれらの技術もなにも知りませんでしたが、「なによりも木が好き」ということで「木工班」に立候補しました。大胆です。

同時に、青年たちにも「この一年、どの労働班に入ってどんな活動をしたいか」を呼びかけました。各労働班のオリエンテーションの後、希望をもとに班編制をして、各労働班がスタートしました。

いよいよ「木工班」のはじまりの日です。

木工大好きな青年たちが一二名。木工大好き教員三名が、木工室に集合しました。だれと目を合わせても微笑んでしまう空気が流れていました。

大きな木工室には、手工具、電動工具、大型木工機械、作業テーブルと椅子、原木、数え切れない木片たちが堂々としています。たまらない木の匂い。私は、そこにいるだけで最高に幸せでした。一二名の青年たちも、周りに興味関心を示しながら、「やるぜ」という気迫でいっぱいです。

まず、それぞれ作業椅子に座りました。

「どんな木工班にしたいか」。青年たちも教員たちも抱負や想いを語り合いました。

「ペーパーナイフをつくりたい」とIさん。

「デッカイテーブルをつくりたい」と両手を思いっきり広げながら等々、木工大好き一五人

木工班、始まりの日

の抱負や想いは尽きることがありません。

　突然、壁面に掛けてあるものを指して「あれは、何ですか？」とKさんが尋ねました。

「両挽《りょうび》きのこぎり、みんなでやってみるかい」のひとことで、原木が目の前に用意されました。私が原木にまたがり重し役になります。ふたりの青年たちが両挽きのこぎりで切り始めました。のこぎりは、うまく走りません。悪戦苦闘です。

　両挽きのこぎりを熟知している教員がふたり組んで切り始めました。「じっ」とみんな集中しています。「シュ」「シュ」「シュ」という音とともにおがくずが軽快にとび散ります。ふたりの青年たちは、両挽きのこぎりを再び呼吸を合わせてゆっくりと切り始めました。

「木工班」の一年の力強い始まりでした。

8　驚きと感動の〈ものづくり授業〉

八王子養護学校高等部二年生は、ただ今醤油づくりの授業に夢中です。「大豆でつくろう」というテーマで、高等部一年生の時から、ものづくりの授業に励んできました。

入学当初の高等部の教育のオリエンテーションで青年たちに「ものづくり授業について」の話をしますと、関心は高く「どんなこと?」「何をつくるの?」と興味津々でした。しかし、聞いたことのない、体験したことのない授業のようです。

「大豆でできているもの知っている人?」と尋ねますと「はあ〜い」「はあ〜い」とあちこちで手が挙がりました。「これはいいスタート」と内心わくわくとしました。まず最初にあがったのが「味噌」。そして「豆腐」「納豆」「きな粉」と次々に出てきました。最後に登場したのが「醤油」でした。

高等部一年生の時、夏の海の家の移動教室で「ニガリ」をつくり、豆腐づくりをしました。ニガリを入れた時、その固まっていく様に驚きコクのある豆腐の味にさらに驚嘆しました。

そして寒入りと同時に味噌を仕込み、年明けて新春もちつき大会です。大豆を炒り、石臼で挽いて「きな粉」に仕上げました。香ばしいあべかわ餅の出来上がり。市販のきな粉と食べくらべ、「味がちがう」「色がちがう」「口の中の感じがちがう」と大好評!! 自分たちの手でつくったものたちの美味しさをひとりひとり実感してきました。家でもつくる人がでてきました。うれしいことです。

そして二年生になり、いよいよ手ごわい「醤油づくり」に挑戦です。

「ものづくり授業」では、「国語」や「数学」では決してみられない顔や表情や発想に出会うことができ、このうえなく楽しく幸せです。そして生徒も教員も共に学ぶ人です。

ものづくりは、教員（教える人）―生徒（教えられる人）の図式を飛び越えます。驚きも感動も共に一緒です。

「醤油づくり」の授業は、昔ながらの手づくりにこだわる若手つくり人・職人さんから学ぶことから始まりました。まず、小さな醤油づくりの蔵元に、みんなで出かけ「醤油づくり」について学びました。

これから自分たちの手で醤油をつくるのです。毎日、食卓に登場するあの醤油をです。青年も教員も真剣です。

大きなタルで「かい入れ」（「櫂《かい》」という道具を用いて発酵をすすめるためにかき混ぜること）をしている職人さんの姿を「すごい!!」「かっこいい!!」「やってみたい」と口々に言いながら見入っていました。

さて、学んできたことをひとつひとつふり返りながら、「醤油づくり」のスタートです。醤油づくりに欠かせない「かい入れ」を毎日しなければなりません。教室（五クラス）で、まるで赤子を育てるように、代わりばんこに「かい入れ」をしています。しかし、十月に二泊三日の移動教室があり「かい入れ、どうしよう」ということになりました。

手づくりの醤油づくりにとって「かい入れ」は、命そのものです。櫂入れするたびに少しずつ発酵がすすみ、うまみが増していきます。「かい」に心をこめてかきまぜます。「うまい醤油になあれ」「うまい醤油になあれ」とやさしく語りかけながら……。

十月十一日〜十三日・二泊三日の丸木美術館移動教室。この三日間、「かい入れをどうするか」を、ホームルーム（学年全体）で話し合いました。

味噌づくりを楽しむ

すでに、教員たちは、高等部三年生に、かい入れを頼み留守をお願いしていこうと話し合っていました。

しかし、しかしです。「丸木美術館に醤油を連れていく！」「そうだ一緒に行こう」「醤油もホテルに泊まればいい」という意見で盛りあがり、「三年生に頼むという方法もある」と、ある教員が言いますと、

「それは、かわいそう」「そうだ、淋しいよ」と迫ってきました。

なんと、全員一致で、丸木美術館に醤油さんを連れて行くことに決定しました。

この発想は、教員たちにはありませんでした。うれしいうれしい驚きでした。

十月十一日の朝、五個の醤油がめたちは、それぞれの模様の風呂敷に包まれて、青年たちと一緒に、バスに乗りこみました。

宿舎の各部屋で、「かい入れ」で始まり「かい入れ」で終わる移動教室。忘れられない二泊三日となりました。醤油たちもうれしそうです。醤油がめを囲む青年たちの表情も、教員たちの表情も幸せいっぱいでした。

発酵が、ぐーんとすすんだような気がしたのは、私ひとりではなかったようです。

醤油を移動教室に連れて行くという発想は、教員たちに、「ものづくりを通して得た大切なこと」を、気付かせてくれました。青年たちと教員、驚きも感動も一緒です。

移動教室が終わり「ほっ」としました。その後「かい入れ」は毎日青年たちの手により続きました。高等部三年生になり一週間でいよいよ夏休みに突入です。今度は、青年の家での約四十日の「かい入れ」のスタートです。各クラスでは、うちに持って帰りたい人続出で、醤油がめは人気者です。じゃんけんで、持ち帰る人を決めたクラスもありました。

七月二十日、五個の醤油がめは、またそれぞれの模様の風呂敷に包まれて、大切に大切に抱きかかえられて、学校を去りました。「四十日、お願いします。頼んだよ」というみんなの想いを背にしながら……です。

そして九月一日、五個の醤油がめは、元気いっぱいで学校に戻ってきました。戻ってきた醤油がめたちをのぞきますと顔色・表情が微妙に違います。醤油種は生きているのです。

なつかしい再会をえて、「かい入れ」に一段と想いがふくらんでいきました。「ものづくり」の授業はひとりひとりのかくれた力を突如として浮上させ拡げます。

9　ゴミにするのもったいない

〈ゴミ処理場を見学する〉

秋めいてきた頃、総合的学習のなかで、「環境問題を考える」から「ゴミはどこへいくの?」とゴミを追いかけたことがありました。

「家ででたゴミは、いったいどこへいくのだろうか」、それぞれに考えているようですが、「ゴミの車に乗って……」その後が意外にも具体的にでてきませんでした。

そこで、まず「ゴミ処理場」に出かけて見学することになりました。身近なゴミが、どこにいって、どんなふうになっていくのか、全員、興味津々で出発しました。

着くなり、職員の方のていねいな「ゴミの話」があり、ビデオでの説明がありました。みんな、熱心に聞き入っていました。

さて、いよいよ見学開始です。

天井のすこぶる高い建物であることも印象的だったようですが、想像以上のゴミの量の多さに、びっくり!! そしてさらに、ジャンボな焼却場にまたまたびっくり!! びっくりの連続でした。

その時です。いい質問がとびだしました。

「一日に、どのくらいの量のゴミがあつまるのですか」。驚くことはいいことです。

「季節により、または日によって一定ではありませんが、約二〇〇トンぐらいです」。

「二〇〇トン?」、みんな想像がつきません。「二〇〇トンってどのくらいかな」。

ゴミの搬入口に、計量台が設置してありましたので、みんなで乗ってみました。約四〇〇kgでした。計算の得意なKさんがすぐ、「二〇〇トンは二〇万kgです。四〇〇kgの五〇〇倍です」、と正解をだしましたが、実感できる量ではありませんでした。

最後に、ゴミを焼却するエネルギーで、お風呂を沸かしているという説明には、「お風呂に入ってみたい」「今度入りにこよう」と盛りあがりました。

再び「ゴミはどこへいくの?」と尋ねると、みんな大きな声で「お風呂になる!」ゴミを追いかけていったら、最後に「お風呂になる」ことを知りました。

学校に戻ってからの学習で、あまりにも多すぎるゴミの量のことが話題になり、「ゴミをもう少し減らすには……」「ゴミをなくすことってできるの……」などについて話し合ったり調べたりしました。

「野菜くずは、肥料に生まれ変われる」。

「使い捨て容器、多すぎる」。

「割り箸、一回だけ使って捨てるの、なんかもったいない」。

ゴミ問題は、自分たちの暮らしと密接で、具体的にどんどんでてきました。最終的に、「ゴミにするのもったいない」という話にたどり着いていったのです。

二カ月後に、富士森祭(文化祭のこと)がありました。学年の大きなテーマが、「ゴミにするのもったいない」という流れになっていきました。その発想で、富士森祭を創っていくと、いろんな気付きが具体的な活動になっていきました。

〈模擬店の名前をきめる〉

いよいよ富士森祭での我ら高等部一年生の「模擬店」を決める時になりました。それぞれ学級で話し合ってきたことを学年活動の時間にもち寄りました。教室の空気が活き活きとしています。

「もちをついて、もちやさん」。

「みんなでうどんを打って、うどんやさん」。

「豆腐つくって、豆腐やさんがいい」。

「味噌をつかいたい。おいしいから……」。

いままで体験して「もう一度つくってみたい」と思う手づくりものが次々ととびだしてきました。「体験は力なり」。実に活気に溢れ楽しそうです。

すると突然、いままで黙って聞いていた畑大好きなBさんが、「畑の大根どうする?」

すかさずSさんが「味噌汁に入れればいい」。

あちらこちらから「そうだ、そうだ」「それがいい」「さんせぇーい」という声があがりました。

これで模擬店の内容が決定です。畑の大根で、一年生の時に大豆から仕込んだ味噌をつかっての「味噌汁」になりました。

次に「お店の名前をどうしようか」ということになりました。

いろいろと考えるものです。いろいろな店名がだされました。「みそしるや」「いなかじるや」「てづくりみそしるや」「うまいもんや」「だいこんじるや」「あったかいよ」「定食やさん」「高二食堂」などなど。

進行係のCさんと一緒に学年活動をすすめていた教員が「どんなふうにお店の名前を決めようか」となげかけた時、Sさんが「自分でいいと思う店の名前に手を挙げて、一番多い店の名前にする」と応えました。

Sさんの提案どおりに、みんなで手を挙げていきました。その結果、「大根じるや」「あったかいよ」がどちらも一三名の同数となったのです。

今度は困ってしまった進行係のCさんが「お店の名前、どうして決めますか」と問いかけました。

その時です。大根発言をしたあのBさんが「どっちもいいから、ふたつくっつける」と言い出しました。Cさんが「くっつける?」と途方に暮れていますと、Bさんが「大根じるや　あったかいよ」と答えました。

さすがアイデアマンのBさん。いつも黙っていて「いざ!!」というときに、みんなの納得するひとことを引きだす人なのです。

模擬店に名前がつきました。もちろん「大根じるや　あったかいよ」というほかほか名前に決定です。みんなで「ほっ」としたひとときでした。「いい名前だね」と、うっとりです。

〈お店の箸、どうしますか?〉

模擬店「大根じるや　あったかいよ」は、さらに具体的な内容についての話し合いに入っていました。わくわく、ぞくぞくです。

ゴミ処理場に見学にいってから、青年たちのなかで、「ゴミにするのもったいない」という話がおもしろいくらい出るようになっていました。

「○○さん、給食残している。もったいないよ」と声かけしたり、ゴミ箱のなかから捨てられていた紙を拾ってきては、「この紙、捨ててあったよ。もったいないね、まだ使えるよね」と、再利用したりです。

日常のさまざまな出来事を、「ゴミにするのもったいない」という目で自然に見るようになっていたのです。あちらこちらに「気付き」があり、あらためて「体験は力なり」と確認の日々であり、喜びの日々でした。

学年全体でひとつのことに取り組む、学年活動の日です。

「大根じるや　あったかいよ」店で使う「箸と器」について話し合われました。

進行係のCさんが「お店の箸、どうしますか」とすすめました。一瞬「シーン」となり、みんな考えこんでいます。隣同士で話し合っている人もいます。

その時、アイデアマンのBさんの登場です。「割り箸は捨てるからもったいないです」「箸、つくります」と、はっきりと答えました。「もったいない」精神が育っています。

そしてすぐ、具体案が出されました。

労働の木工の授業で、小枝を使って鉛筆をつくっていたSさんが「小枝でつくるといいと思います」と、得意そうに言いました。

教員たちは、「えっ」と驚いたり、「おもしろい」と喜んだり、「すてき」と感動したりです。それぞれにとってもうれしそうです。青年たちは口々に、「そうだ、そうだ」「小枝がいい」「つくりたい」と燃えあがり高まっています。

そんななかで、「箸は小枝でつくる」と即決しました。でも、まずは試してみることになりました。

そこで、木工担当の教員が木工室に走り、蓄えていたさまざまな小枝をもってきて「箸」に仕立てました。実演です。うねった小枝同士の箸で、みんなで実際にいろいろなものをつまんでみました。青年も教員も、実に楽しそうです。笑い声があがります。「小枝の箸」に夢中になっています。充実したひとときでした。しかし、小枝の箸を使ってみての結論は、「つまむの、むずかし〜い」「残念!!」となりました。

進行係のCさんが、またまたうれしそうに「お店の箸どうしますか」と、みんなに問いか

けました。

「小枝の箸」を提案した木工大好きのSさんが、「木でつくります」と再び力強く答えました。

「箸は、木でつくる」と決定しました。

青年も教員も「箸」で一体感を持った授業でした。

〈お店の器、どうしますか?〉

使う箸を決めた翌日の学年活動の日、今度は、「器の話」になりました。

進行係のCさんが「お店の器、どうしますか」と、みんなに問いかけました。

ふだんあまり授業中に話すことのない、おとなしいEさんが、珍しく、恥ずかしそうに手を挙げました。そして静かに静かに立ちました。Eさんが手を挙げたものですから、みんな「えっ!!」という表情で注目しています。Eさんは、つぶやくような小さな小さな声で、「白いのは捨てちゃうから、だめ」と答えました。

Eさんの答えに、教員たちは「すばらしい!!」と感動。Eさんは「発泡スチロール」のことを言っていたのです。すかさずCさんが、「白いのって、何ですか」と尋ねました。

そしたら、すぐ木工大好きのSさんが立ち上がって、ジェスチャーまじりで、「お湯入れて、ラーメン食べて捨てる、ポイッ」と、みんなにわかるように説明しました。

みんな一斉に、「だめ、捨てるのだめ。もったいない！」と、使い捨て容器は、すぐさま否定されました。うれしい結果です。

Cさんは困惑した表情で、再び「お店の器、どうしますか」

「う～ん」と、みんな考えています。

突然、Cさんが、「給食のどんぶりはどうですか」と、投げかけました。

Cさんの提案に、みんなが動きはじめようとすると、給食委員担当の教員が、「それは、とてもいい考えだけど、器の消毒のこともあり、借りるのは難しい。残念ですけど…」と答え、実現不可能となってしまいました。

みんな「しゅ～ん」と、黙り込んでしまいました。

アイデアマンのBさんが、明るく、「お寺で借りる」と、言い出しました。

夏休み、学校の近くのお寺で地域の人たちとの「夏期交流会ふれあい広場」がありました。「手打ちうどんと歌の集い」という内容でした。Bさんは、その交流会に参加していたのです。お寺のおわんで手打ちうどんを食べたのを思い出して言っているのでした。

「それがいい」「それがいい」「お寺のおわんがいいと思います」。あちこちに力強い声が飛び交います。

どうやら、お寺のおわんをお借りして、模擬店「大根じるや　あったかいよ」が開店できそうです。充実した話し合いになりました。

Cさんが「何個ぐらい借りたらいいと思いますか」と、さらに話題を次にすすめました。

例年、お客さんは、少なくとも三百名くらいは予想されます。みんなで、力を合わせて洗うことを確認して百個のおわんを借りることに決定しました。

さっそく、Bさんと教員が、お寺にお願いの電話をかけに、職員室に走りました。

〈「もったいない」精神ですすむ開店準備〉

模擬店「大根じるや　あったかいよ」は、いよいよ開店まで二週間となりました。

いままでの学年活動での話し合いで、「箸は、木でつくります」「おわんは、お寺で百個借ります」と決定し、開店に向けて作業がどんどんすすんでいました。

教室中が、なんだか活気づいています。

教員と青年たちと一緒になって、ひとつのことに向かっているエネルギーで充たされている感じです。それは至福の連続でした。

何を見ても、何を聞いても「大根じるや　あったかいよ」に結びついていくのです。

これから開店するまでに、

「お店の看板、どうしますか」。

「お店の飾り、どうしますか」。

「食券、どうしますか」。

が残っていました。

「箸は、木でつくります」の実践では、楽しいなかで、数々の気付きがありました。杉の板から、ひとり二膳ずつつくり、百膳以上の箸ができあがっていました。木工担当の教員を中心に、全員が箸づくりの職人になって、切ったり、磨いたり、真剣そのものでした。一膳一膳に心をこめて……。

百膳の箸を一本一本きれいに洗って、日向ぼっこさせて完成です。箸もうれしそうです。

当日、この百膳の手づくり箸は大活躍する予定です。三百名以上のお客さんに利用されます。もちろん使い捨てではなく、洗い箸で対応します。

この箸づくりのなかで、木工大好きなSさんが、木片に注目しました。「これ、食券にいい」と言い出したのです。そうしたら、すぐにアイデアマンのBさんが、別の木片を片手に「これも食券になる」と、うれしそうに掲げました。箸づくりに専念していたみんなも、「いい、食券にいい」と共感し広がっていきました。

箸づくりをしながら、「食券、どうしますか」が決まっていきました。驚きでした。

食券は、例年色画用紙でつくられていました。学年全体で使われる色画用紙は大変な枚数でした。富士森祭が終わった後のゴミの量、「紙公害」は、すさまじいものなのです。食券づくりにも「使い捨て、もったいない」の精神が確実に生きているなと感じ、うれしい限りでした。

形はとても不揃いですが、みんなで手をかけると食券になりそうです。ゴミとして燃やされてしまう、木の端切れが、食券として生まれ変わるのです。さっそく、三百個以上の木片が、みんなの手で集められ、磨きの仕事をすることになりました。世界にふたつとない食券の誕生です。

最後の学年活動の日です。

進行係のCさんが提案しました。

「お店の看板、どうしますか」。

「お店の飾り、どうしますか」。

教員も青年たちも、一緒になっていろいろと思案中です。「もったいない」精神で創造しています。

黒板を背に、障子、襖、ガラス戸が所狭しと並んでいます。

日頃、教室にないものがずらりと登場しているのですから、「なんだ、なんだ」と、さわりにくる青年もいます。「これ、なあに?」と身振りで尋ねてくる人、障子に指で穴を開けようとしたり、興味津々です。教室中に期待感が拡がります。

実は、ある卒業生の保護者から、PTAの係の教員に、こんな電話が入っていました。

「家を建て直しして、障子・襖・ガラス戸などがいらなくなった。今、学校で不要になったものを、いろいろと工夫して活かしている勉強をしていると聞いたので、ぜひ、障子・襖・ガラス戸を使ってもらえないか」と。

「もったいない」という実践のことが、卒業生の保護者の耳にまで届いていたのです。

教員一同、感激の想いでいっぱいでした。

すぐに、話し合いをもち、「ぜひ、今回の富士森祭で利用させていただく」と決まり、障子・襖・ガラス戸を引き受けることになりました。

模擬店「大根じるや　あったかいよ」を開店するのに、Cさんが提案した「お店の看板、どうしますか?」が残っていました。

障子・襖・ガラス戸を目の前にして、進行役のCさんが、ニコニコ笑顔で、「お店の看板　どうしますか?」とすすめました。何か、そわそわしています。

一方、教員たちは、この話し合いがどんなふうに展開していくか、わくわくしています。

すると、Cさんがすぐ、「これに、お習字で『大根じるや　あったかいよ』と書いたらどうですか」と、障子を横にしながらうれしそうにみんなに提案しました。

教員たちは、「サスガ!!　Cさん」と、その提案に感心しそわそわしている理由がわかりました。素敵な看板になりそうです。

Cさんは、小さい時からお習字を習っていて、筆で文字を書くのが大好きで、とても上手なのです。Cさんは、障子を見てすぐイメージがふくらんだようです。

国語科の教員が、模造紙と太めの筆と書写液墨を用意して、Cさんに実際に書いてもらい障子の上に貼りました。みんな「ジッ」と見入っています。

再び、Cさんが得意そうに、「どうですか?」と、みんなにアピールしました。

「かっこいい」「本当のお店みたい」「Cさんのがいい」「それがいい」と、即決しました。それは予想外の速さでした。

アイデアマンのBさんが、「はい」と、元気よく手を挙げて続けました。

「お店の飾りにこれとこれを使います」と、襖とガラス戸を指し、襖をもって「『うまい大根汁』『あったかいよ』『百円だよ』と書きます」と。どんどんイメージが拡がっているようです。美術科の教員が、準備室に走りました。

〈模擬店「大根じるや　あったかいよ」は大好評〉

いよいよ、富士森祭当日となりました。すべての準備が整いました。手づくりのお店「大

根じるや　あったかいよ」は、開店しました。

「いらっしゃいませ」。

「おいしいですよ」。

「味噌、手づくりです」。

「大根、育てました」。

「あつあつ、あったかいです」。

「安いで～す。一杯百円です」。

自信に満ちた大きな声が響きます。ひとりひとりが、ひとまわりも、ふたまわりも、大きく見える時です。

開店前に、「大根じるや　あったかいよ、しゅっぱーつ、エイッエイッオッー」と力こぶしを振りあげて、心をひとつにしています。

お椀に盛る人、お盆で運ぶ人、下膳する人、洗う人など、仕事も分担されています。どの仕事内容も、経験できるように、時間で交替するようになっています。

「うわあ　おいしそう!!」。

運ばれてきた大根じるを見て、うれしそうなお客さんに答えます。

「お椀、お寺で借りました」。

「大根、畑で育てました」。

「味噌、みんなでつくりました」。

あったかい湯気のなかで、大根の上に青々とした大根葉がみえ、具だくさんの大根じるはとてもおいしそうです。

ほめられて、うれしくてうれしくて、顔中口にして喜んでいます。

「この箸、もしかして手づくり？」と驚いているお客さんに、ジェスチャーまじりで、「みんなで切って磨いてつくりました」。

「よくつくったね」。

「とても使いやすいね」。

「箸を手づくりするなんて、偉い！」。

「箸は、木でつくります」と提案した木工大好きなSさんは、その会話を聞いてお客さんの前に走り、さらに詳しく箸づくりのエピソードを伝えていました。

授業風景が再びよみがえりました。箸づくりや食券づくりに集中していた青年や教員たちひとりひとりの真剣な表情が思い浮かんできました。

「障子の看板、おもしろいね」。

「襖、上手に利用したね」と、目ざとく言ってくるお客さんに、「家、壊した人からもらいました」と、日頃ほとんど声を出すことのないEさんがうれしそうに答えています。発泡スチロールの器を否定したあのEさんです。感嘆の思いで教員たちは見守っていました。

「大根じるや　あったかいよ」は「ゴミにするのもったいない」授業の総結集でした。青年も教員も、同じ土壌で考え工夫して創りあげたものでした。

三百人以上のお客さんたち、ひとりひとりが驚き、感嘆し、喜んでいかれました。青年も教員も、共同してひとつの事をなし遂げた充足感で満ちあふれていました。

〈反省会と打ちあげ会〉

「ゴミにするのもったいない」を追求した手づくりの模擬店「大根じるや　あったかいよ」は、大成功のもとに無事閉店することができました。大好評でした。

青年も教員たちも「やったあ!!」という充実感を共にしていました。

閉店後は事後学習の反省会と打ちあげ昼食会のことが残っていました。

まず、学年活動日に反省会をしました。何かひとつのことをやり終えた時、青年たちが、ひとまわりもふたまわりも大きく見えます。教員としてうれしいひとときです。

進行係のKさんが、「文化祭が終わりました。反省会をします『大根じるや　あったかいよ』、どうでしたか」と、投げかけました。

待っていましたとばかりに元気よく「はい」と、Sさんが手を挙げました。手づくり箸の提案者です。なんか輝いています。

「箸、ほめられた。よくつくったね」、「箸のつくり方、話しました。うれしかった」。周りからも「ほめられました」、「すごいと言われました」などなど、次々に箸にまつわる話が飛びだしました。

模擬店と割箸という常識を、「捨てるのダメ」「ゴミにするのもったいない」という青年たちの熱い思いが破ったのです。「使い捨て」に対する反省、ちょっと立ち止まって考えてみることの大切さが、確実にひとりひとりのお客さんに届いている。そう青年たちには実感できていました。

木工大好きなSさんの「箸つくります」のひとことは、「つくってよかった」、「本当に楽しかった」、「お客さんもみんな喜んだ」と、みんなの感動に拡がっていったのでした。木片の食券たちも、手づくりの箸と同じような感動と驚きを生み出していました。

次にCさんが「はい」と同時に立ち上がりました。みんな注目しています。

「『障子の看板の字、上手だね』『障子の看板、お店に合っているね』ってほめられました。すごくうれしかったです」と、一気に述べました。

障子や襖やガラス戸を再利用したお店は、ユニークで目立っていました。でも、なんか

「大根じるや　あったかいよ」を、あたたかく包み込んでいました。

「ゴミにするのもったいない」の実践は、青年たちに、「来年も、やりたい！」という想いを、強く印象づけているようです。

Kさんが、次に、「打ち上げ昼食会について決めます」と、話をすすめました。何か考えがあるようすです。

そしてすぐに「中華レストランでいいですか」と、聞きました。実は去年もそこで打ちあげをしていたのです。お好みのお店です。

「いいでーす」。全員一致で決まりました。

Sさんがまた「はい」と、手を挙げました。

「今度は、箸、レストランに持っていきます」と、提案したのです。

すぐさま、全員で「いいよ」と、決まりました。

10　そばづくりに挑戦

富士森祭を終了した後も、「ゴミにするのもったいない」実践は、日常的に絶えることなく続き、確実なものになっていました。

おもしろいように、実践を豊かにするうれしい話がとび込んでくるのです。

知り合いの農家から、石臼が六台も手に入ることになりました。納屋にずっと長いこと眠っていたそうです。眠っていたことに感謝です。捨てることができず、引き取って活かしてくれるところを捜していたようです。富士森祭での「ゴミにするのもったいない」の取り組みを知り、話がありました。修理をしなければ使えないものばかりでしたが、目立てをしたり、取っ手を付けたりして、授業のなかで活用することにしました。

石臼を初めてみる教員ばかりで、授業の打ち合わせをする学年会は、楽しく弾みました。実際に、コーヒー豆を石臼で碾《ひ》いて、飲んでさらに盛りあがりました。コーヒー通の人たちは、「これは最高にうまい!!」と、太鼓判を押していました。

事務室に、そば打ちを本格的にしている人がいました。黒姫高原でそばを育て、そば打ちをしている、講師に最適な人です。いろいろと話し合いを重ねた結果、石臼を用いて、「まず、そば打ちをしよう」ということに決定しました。

「石臼でそばをつくろう」の授業の始まりです。青年も教員たちも期待感でいっぱいでした。まず、作務衣を着たそば打ち名人と石臼の登場です。

名人も石臼もうれしそうです。ここでは、青年も教員も同じ学ぶ人です。ものづくりの授業で流れるあたたかい空気であふれそうです。

名人のそばの話の後、そばの実を石臼で碾く実演がありました。石臼から、そば粉、そばがらが勢いよく飛び出してきます。

「わっ!!」「おもしろい」「やりたあい」

うれしうれしの瞬間です。さっそく、六グループに分かれて、六台の石臼によるそば粉づくりのスタートです。いろんな碾き方があり感激です。

Aグループは、「ヨイショ、ヨイショ」という掛け声で盛りあげながら碾いています。

B・Cグループは「1、2、3、4」と数を数えながら碾いています。二〇回碾いたら交替だそうです。

Dグループは、ソーラン節に合わせて碾いています。「ヨッコイショ、ヨッコイショ」「ヨッコイショ、ヨッコイショ」と。

富士森祭で展示した石臼

Eグループは、「おいしいそばになあれ」を繰り返しながら碾いています。

Fグループは、二人組で石臼を回しています。回すたびに、「ソーレ」「ソーレ」と言いながら、楽しそうです。

石臼の回る「ゴリゴリ」という音とともに「ヨイショ、

ヨイショ」「1、2、3、4！」「ヨッコイショ、ヨッコイショ」「ソーレ」「ソーレ」という掛け声が教室中に響きわたります。

各グループから石臼碾きそば粉が集まってきました。

いよいよ、そば打ちの実演となりました。

作務衣に身を包んで、きりっとしたそば打ち名人が、気合いを入れて打ち始めました。みんな真剣な眼差しで見入っています。鮮やかな手さばきに見とれています。

「すごい」「やってみたい」「おもしろそう」。青年も教員も感動を共にしました。

「そばを打ってみたい人」に、「はあ～い」「はあ～い」と手が挙がり、三人ほど、名人とともに打ってみました。

そばつゆは、「生返し」という製法を事前に学んでいました。「生返し」は、薬味要らず、わさび要らずと聞いていました。どれもこれも初めて体験することばかりでした。

その後、また各グループに戻り、石臼で碾いた粉と黒姫高原のそば粉と合わせて、そば打ちに入りました。想いを込めて力いっぱい、順番にそばを打ち続けました。

各グループでそばを包丁で切りそろえた頃、大鍋のお湯が「ぐらぐら」といいだしました。

自分たちで、心を込めて打ったそばを、生返しのそばつゆで「いただきまあ～す」といただきました。

「うまい」「さいこう」と大喜び!!

グループごとでそばを食べ比べして大騒ぎとなりました。結論は「手前そば」でした。一番おいしいそばは、「自分で打ったそばでーす」と、どのグループも断定していました。

その直後、一度碾いたそばの実を、また石臼で碾いたAさんが、「また、粉がでるよ」と、大きな驚きの声をあげたのです。

「えっ」「どれどれ」、Aさんの石臼の周りに、みんなが集まりました。

「本当だあ」「まだ、粉でてるよ」「捨てちゃだめだよ」「そうだ、そうだ」で決まりました。各教室の片隅に、石臼とそばの実を常設することになったのです。

おもしろい展開になりました。

各教室で、時間を見つけては、代わりばんこに石臼を回し続けたのです。粉の山が出来あがりました。相談の結果、粉の山は、なんと「そばクッキー」に変身しました。

そばクッキーは、独特な香ばしさがあり、大好評。保護者のなかでも評判となりました。

もう何にもでないそばがらは、希望者にもらわれて「マクラ」になりました。

「この世に、捨てるものなど何もない」ことを、青年も教員も、石臼を用いてのそば打ちの授業を通して、確認したのでした。

いつまでも忘れられない実践でした。

11　修学旅行は「広島」へ

〈修学旅行「広島」を決定する〉

その日の学年会は、「修学旅行をどこにしようか」という議題で伯仲しました。これは、単に「行き先」だけの論議ではなく、一年間の学習内容にも大きく関わっていく大切な議題です。全員が真剣に臨んでいました。

八王子養護学校は、過去、継続して広島修学旅行を実施していましたが、教員の入れ替わりや学習内容の論議の結果などにより、学年毎で、行き先を決定するようになってきていました。

学年会は、最初からまっぷたつ。

「東北の自然と、荒馬座の躍りと和太鼓の体験をさせたい」という教員集団と、「過去に継続されていた『平和・命・人権』の総合的学習の内容のひとつとして、広島をぜひ体験させたい。いままでの学習内容からもつながっている」という教員集団と、激しく二分しました。

お互いに、それぞれの意義を語り合い、熱い論議はいつまでも尽きませんでした。周りが暗くなり始めても行き先を絞ることができなかったのです。

その日、「青年たちに投げかけよう」という結論で一致しました。総合的学習の時間に「修学旅行」の授業化をして、青年たちに問いかけました。

まず、東北旅行班の始まりです。すでに、宣伝用として出来上がっている「荒馬座」の紹介ビデオが流れます。色彩も美しく、プロの踊り手の躍りも迫真の演技。和太鼓の響きも迫力抜群!! なにか「ズンズン」と、全身に伝わってくるものがありました。

私は、内心「プロの手によるビデオは、教室全体をかなり魅了しているな。やっぱり躍りと和太鼓は魅力的」と感じていました。

私は「広島修学旅行班」のひとりでした。

次に、広島修学旅行班の問いかけです。前日に話し合って、若い教員たちが授業をすることになっていました。

まず、卒業生が、「劇と音楽の会（略して劇音と呼ばれていた）」で演じた「とべ、千羽鶴」のビデオ紹介から始まりました。「とべ、千羽鶴」は、被爆死してしまう佐々木禎子《ささきさだこ》さんの物語です。

よく知った先輩たちが次々に登場してきます。どの先輩たちも、その役を真剣に演じきっています。一度、観劇している内容でしたが、再び青年たちの涙を誘います。わたしたちも涙しました。

そして次に「ピカドン」広島の原爆の話。「ピーン」と張りつめた空気が走ります。ものづくり・総合学習・醤油づくりや味噌づくりをしたり、ゴミを追いかけたりしてきた学年です。いきものの命のことについては、日常的に触れてきていました。

「みなさんの修学旅行について聞きます。ゆっくりと考えて、知らせてください」。

青年たちの決定は、なんと「広島へ」でした。

〈「ヒロシマ」を学ぶ〉

青年たちは、総合的学習の授業のなかで、自分たちで考えて、「広島修学旅行」を決定しました。そこから「広島」の学習は、スタートしていきました。

「ヒロシマ修学旅行」の学習帳に、こう記されています。

一九九一年　修学旅行の目的

わたしたちは、総合的学習で、卒業後の生き方を探る～丸木から広島へそして今～というテーマのもとに〝平和・命〟についての学習をすすめてきました。

〝ひろしまのピカ〟〝おこりじぞう〟語り部の沼田さんのビデオを通して、いまから四十六年前の一九四五年八月六日、一発の爆弾が広島に落とされ、この一発の爆弾は一瞬にして、二十数万人の命を奪い、町を焼け野原にしたこと、そしてその爆弾は原子爆弾といわれ……（略）……広島のひとたちは『わたしたちは、世界の歴史上はじめて原爆をうけた人間として、心から戦争を憎み、平和を求めます』と叫んでいます。

わたしたちは、この『ヒロシマ修学旅行』を通して、原爆の恐ろしさを知り、平和について考える。

そして、このような悲劇をくり返させないために、わたしたちは、どうしたらいいのかを、考え続けていきたいと思います。

最近、わたしたちは、新聞やテレビで、チェルノブイリ原発事故や湾岸戦争の恐ろしさを知りました。（以下略）

広島修学旅行（平和記念館資料館前で）

「ヒロシマ修学旅行」の事前学習として、丸木美術館を訪ね、丸木俊さんから、貴重なお話を聞くことができました。「南京大虐殺」の加害者としての内容でした。わたしたちは、被害者だったけれども加害者でもあったことを知りました。

青年たちは、俊さんの話をじっと集中して聞き入っていました。

また、学校では「八六九会（八王子市原爆被爆者の会）」の方を呼んで、原爆についてお話を聞く会を設定しました。

まず、小学四年生の女の子の詩「げんばく」が朗読されました。

げんばく
あさだった　ばくだんが　おちた
みんな　たすけて～と　いっている
いぬも　しんでいた
いきている　いぬは　みんな　ほえている
まつのきのしたには
となりの　おじさんが　しんでいた

青年たちは、お話を聞いた後に質問をしました。「ゲンバクは、どのくらいあついですか」「血がでましたか」「のど、かわきましたか」などなど。そのひとつひとつに、「八六九会」のおじさんたちは、わかりやすく答えてくれました。

「ヒロシマ」から、青年たちひとりひとりが卒業後の生き方を探っていく学びでありましたが、私も「教員として」「人間として」の根源的な問いを肝に銘じる日々でした。

12　沖縄修学旅行を実現

〈心はひとつ、沖縄へ〉

この学年は、高等部一年生の時に「ジラーの猫」という沖縄劇をして大変盛りあがり、みんなのなかに、いきいきとして「沖縄」が身近に息づいていました。「修学旅行に、沖縄に行きたい」。そんな気迫が漂っていたのです。

学年会も青年たちも全員一致で、「修学旅行は、沖縄へ」を決定しました。

しかし、修学旅行の飛行機利用は、まだ長崎か北海道止まりで、沖縄は実現していませんでした。沖縄修学旅行は、難問ばかりで、実現不能な空気が、学校内外で濃厚でした。

若手教員ふたりが係になり、沖縄修学旅行実現のために、動き出しました。学年会で綿密な計画を練り、緊急時の対応や医療的ケアの計画などの対応策を添付していました。東京都教育委員会に日参して、粘り強く説得し続けました。

その動きを知った保護者の方たちは、沖縄修学旅行実現のために署名を熱心に集めて、都教委に陳情しに日参しました。

わたしたちと保護者の両者のあっつい熱意が都教委に届き、沖縄修学旅行を決定することができました。

ある保護者は、「この子が、将来、飛行機に乗る体験ができるとは思えない。飛行機で沖縄に行くなんて、なんて幸せなことでしょう。感謝、感謝です」と涙ぐんでいました。

わたしたちも青年たちも一致団結して、沖縄修学旅行の実現を、決してあきらめませんでした。その結果でした。全員で喜び合いました。

すぐに沖縄修学旅行を柱に、いろいろな学習が、各教科やものづくり・総合的学習で検討されました。どの教室にも、沖縄に関する本や絵本が何冊か置かれ、「沖縄」が常にすぐ隣にありました。楽しく実り多い日々でした。ものづくり・総合的学習では、「沖縄をつくって食べよう」というテーマのもとに、おいしい授業が展開しました。

まず、沖縄の友人から届いた「さとうきび」をなめたり、沖縄菓子を食べてみました。

「あま～い」「おいし～い」「もっとほし～い」の大合唱。いよいよ本格的に、「沖縄をつくって食べよう」に挑戦です。

学年活動日、各学級から「沖縄をつくる」アピールの時間となりました。

A組「わたしたちは、サーターアンダギーをつくります」と、サーターアンダギーの拡大写真と小麦粉や黒砂糖を揚げています。

B組「ポーポーです。クレープに似ています」「これでーす」と、見本を披露しています。実際に試食できました。

C組「ゴーヤ入りのゴーヤチャンプルです。少しにがいかも」と、ゴーヤを高くあげる。「あっ、キュウリだ」と声がかかります。「これは、キュウリに似ているけど、キュウリじゃなくて、ゴーヤと言います」。

各学級は、それぞれに三クラス分をつくり交換することになっています。

「沖縄をつくって食べよう」のはじまり、はじまりです。「沖縄」について、とことん学びながら、沖縄修学旅行の実現に向かっていきました。

〈命《ヌチ》どう《ドゥ》宝《タカラ》・沖縄を学ぶ〉

沖縄修学旅行にむけて、「沖縄」の学習は深まっていきました。

「沖縄をつくって食べよう」の授業から、「沖縄」や「沖縄のたべもの」について、関心が高まり、学校だけの「沖縄」ではなくなっていきました。

「きのうの夜、家で、ゴーヤチャンプルつくったよ」とうれしそうに報告があったり、「サーターアンダギー、おかあさんとつくって食べたよ。おいしくできた。また、つくるよ」などなど。青年たちの家でも、「沖縄」に関心を寄せて楽しんでいるのがわかりました。

音楽では、学年のオリジナル曲の「ハイサイ　沖縄」が生まれ、熱の入った大合唱となりました。音楽の時間以外でも、口ずさむ青年たち。「ハイサイ　沖縄」は、みんなから愛されました。美術の時間につくった「沖縄太鼓」で演奏したり、お盆の時期に祖先の霊を送迎するエイサーを歌や囃子に合わせて踊ったりしました。

多くの沖縄の歌に触れ合い、車座になってゆったりと歌った「安里屋《アサドヤ》ユンタ」はいまも、その情景をはっきりと覚えています。

美術では、「沖縄で、着たい人は着てみよう」というテーマで、紅型《びんがた》模様入りのTシャツづくりをしました。紅型は沖縄の伝統的な型染めで、色彩豊かな絵画風の模様です。型がうまく固定できずに動いてしまったりといろいろありましたが、カラフルな仕上がりに、大満足の青年たちでした。

「先生、見て見て」と紅型のマイTシャツを着て、うれしそうに見せにきます。世界に一枚しかない紅型Tシャツ。まさに、「オンリーワン」の青年たちでした。

国語や数学でも沖縄に迫りました。国語では、「沖縄の言葉」について学びました。『おきなわ、島のこえ――ヌチドゥタカラ（いのちこそたから）』（丸木俊／位里・作、小峰書店）

の読み語りは、精力的にくり返されました。数学では「数学で迫る沖縄」というテーマでユニークな学習が取り組まれました。

総合的学習では沖縄の歴史について学びました。「ひめゆりの塔」の映像から、戦争の悲惨さ、命の大切さについて知りました。

同時に、八王子大空襲についても学び、実際に浅川地下壕に入り、「平和の誓い」をみんなで読みあげました。「平和」や「命」については、総合的学習の時間だけではなく、各学級のホームルームでも常に話題になり、学級新聞「青春ニュース」にも、記事内容として多く掲載されました。

こんな学習のなかから、富士森祭で発表する劇、「ヌチドゥタカラ」がうまれました。国語で総合的学習でホームルームで、読み続けられた『おきなわ島のこえ』がベースになった劇です。「No War」がひとつになった劇でした。

「音楽隊」「踊り隊」「朗読隊」の三部構成の劇でした。みんなで迫った沖縄の総結集でした。演じた後に青年たちひとりひとりから自然に拍手がわき起こるほど、感動的でした。

模擬店は「サーターアンダギーと沖縄ジュース」のお店を開店しました。劇の沖縄衣装を身にまとい、沖縄をさらに演出しました。

このお店の名は話し合いの結果、「キムナサキ（おもいやり）」となりました。青年たちの想いが、いっぱいでした。

13　卒業生とともに

高等部卒業生のアフターケアのひとつとして、毎月第三日曜日に、「青年学級」が開催されていました。

私は、異動した一九八六年から一〇年間、この「青年学級」に関わりました。

「青年学級」の一年は、開級の集いで始まり、閉級の集いで終了します。

毎年、閉級の集いで、一年間の活動をあれやこれやと反省して、青年たちが次年度の年間活動計画を作成します。

私は、開級の集いのたびに、青年たちに伝えたいことがありました。「いままでは、生徒と先生の関係だったけれど、これからは『〇〇先生』と呼ばずに、『〇〇さん』と呼んでください。お互いに『さん』と呼び合う大人の関係で、楽しくいけたらいいなと思っています」と話してきました。

その話の最中に、何人かの青年たちが「へえ、そうなんだ」という表情をみせていました。そしてすぐに、「〇〇さん」と呼んでくれた人が何人かいました。とても恥ずかしそうに。でも、とてもうれしそうに。私は、もっともっとうれしかったのです。

「青年学級」は職員会議で、八王子市の「社会教育」として移管したらどうかと何回か検討されましたが、そのたびに校内分掌のアフターケアのひとつと位置づけて、教職員全体で見ていこうということになりました。

青年たちにとって「青年学級」は、日頃の悩み相談所であり、卒業生同士の憩いの場です。いつも青年学級を必要としている青年たちがいます。

温浴施設のお風呂に一緒に入って温まりながら、「この頃、職場の人とケンカばかりしている。イジワルもされる。やめたい。働きに行くのいやだ」と、打ち明けられたことがあります。いろいろと話していくと、失敗をしたときに、素直に「ごめんなさい」と言えなかったことが原因とわかりました。

彼女は、顔をほんのりとピンク色にしながら、「もう、あまり気にしない。元気が出た」といいながら、自分で解決したようです。だれかに聞いてもらうだけでよかったのでしょう。

それから、「青年学級」の夏の大きなイベントとして、一泊の旅があります。現在は、「富士森旅行会」と名付けられて、「青年学級」から独立しています。毎年、卒業生と保護者とスタッフと合わせて、百名くらいの規模で出かけています。都下でも珍しい企画です。

今年の一泊の旅は、越後長岡よもぎひら温泉でした。青年たちと一年ぶりの再会です。二回生の卒業生から、今春卒業したばかりの三八回生まで、大所帯です。老若男女の旅。お互いに助け合う場面が多々あり、実にほほえましいのです。

ここでも、温泉に共に浸かりながら、または、布団に横たわりながら、職場の話になり「嫌な事」を吐き出します。私はいつも、ただ聞いているだけです。悩みをたくさん話すなかで「会社に、お土産買っていくわ」「みんな、待っているから」と明日への活力が湧いてきたようです。

三四回目の青年学級・富士森旅行会の一泊の旅でした。

第3章 雑木林の学校をめざして

1 施設労働者から教育労働者へ

一九七九年、多くの人たちの反対の声のなかで、「障がい」のある子どもたちの学校選択として、養護学校が義務化されました。この義務化によって、いままで未就学であった子どもたちが、養護学校に就学できるようになったことは事実ですが、一方で「地域の学校で学びたい」と強く願っていた保護者や子どもたちが、養護学校や特殊学級に強制的に就学させられたのも事実でした。

一九七三年七月、東京都教育委員会は、「東京都心身障害教育対策（案）」を明示して、養護学校義務化の先どりとしての全員就学の方針を、すでに打ち出していました。国に先駆けてです。そしてさらに、都教委は、心身障害児の就学手続きを改変し、それまで、各学校独自に行なっていた就学相談の窓口を一本化して、都教委が実施することになり、「障がい」のある子どもたちの学校選択として、養護学校が義務化される準備が着実に用意されつつありました。

その当時、私は施設労働者でした。私は肉体労働が大好きで性に合っていました。教員は、口先で偉そうなことばかり言っているようで、どうしても好きになれない職業の一つでした。

私が初めて働いた施設の同僚たちは、画一的ではなく、ひとりひとりが個性豊かでまさに私が望む「雑木林」そのものでした。元ダンプの運転手、元郵便配達員、元店員、元もの書きなどなど、学歴もさまざまでした。教育学部、福祉系大学の卒業生にはないものを、たくさんもっていました。指導する―指導される関係ではない「共に」の関係をすぐ創りあげる名人たちでした。そして彼たちは、事あるたびによく言っていました。「『障がい』は個性だろう」と。そして「障がいがあってもなくても同じさ」。私はここで、体で、全身で多くのことを学ぶことができました。

私が最後に働いた民間の小さな通園施設は、都が全員就学の方針を打ち出すなかで、保護者や子どもたちは就学の道を選ぶこととなり、閉園を決定しました。

私の失業がみえた時、「施設にいる子も、養護学校にくる子も、同じじゃないか」と友人が教員採用の願書を届けてくれました。でも、私は迷いに迷いました。時間は静かに過ぎていきました。

その当時、教員採用試験は、年三回ありました。名簿登録はされるが、採用は年度内にないといわれた一九七五年二月に最終試験を受験しました。ところが、施設経験があるということで引く手あまた、「ぜひ、本校にきてください」、「ぜひ、あなたにきてほしい」、「ぜひ、面接しましょう。明日にでもきてください」と、うれしい悲鳴をあげるほどでした。

養護学校に、いろいろな子どもたちが登校してくるということで、都教委も、ある意味では、予測できぬ不安を抱えていたのでしょう。そもそも、ひとつの学校に「障がい」のある子を集めることに、無理があるのです。

そんななかで、「絶対、口先だけの教員にはならない」という決意のもとに、養護学校の教員になりました。一九七五年の春でした。

2　雑木林の学校の実現を目指して

〈「学校は雑木林」の原体験〉

私は、茨城の小さな炭坑町で生まれ育ちました。

生活はとても貧しく心身共に厳しい日々でしたが、私はおかしいことは「おかしい」と、へんなことは「へんだ」とはっきり言う子どもでした。

この貧しき片田舎に、私が小学五年生の時、「特殊学級・五組」が新設され、クラスメートであり、仲のいい遊び仲間が三人、「特殊学級・五組」に連れていかれるという事件が起こりました（私にとっては突然起こった事件でした）。それも年度途中にです。他の三クラスでも同じように、三人ずつ連れていかれました。

そのことが、私にはどうしても納得がいきませんでした。「おかしい」「へんだ」そのものでした。かなりの衝撃だったのです。

まず、担任に尋ねてみました。「どうして○○さんと○○さんと○○ちゃんは、別のクラスにいくのですか」と。

その答えは、「別に勉強することがあるんだ。花に水をあげたり、ウサギにエサをあげたり。それで五組にいくんだ」でした。

私は、ますますわからなくなり、校長室のドアを叩きました。

校長の答えも同じでした。

十一歳の私は、担任にも校長にも、はっきりと言いました。「花に水をあげることも、ウサギにエサをあげることも、同じクラスにいてもできると思います」と。

それへの納得できる答えは、担任からも、校長からもありませんでした。私は、連れ去られ事件の「おかしさ」「へんさ」を、ずっとずっと持ち続けました。

五組にいかされた遊び仲間のひとりは、引っ越しをして転校していってしまいました。きちんと別れを言わないままでした。引っ越しの理由は、表向きには「ちょっとおとうさんの仕事の都合で」と伝えられましたが、周りの大人たちが、「住みづらくなった」と口々にしゃべり回っていますので、私は「おとうさんの仕事で、引っ越したんじゃないな」と気付き、悔しくて悔しくて小さな胸は許せない想いでいっぱいでした。

「五組なんていらない」「どうして五組ができるんだ」「五組なんてなくていい」。先生も校長も答えてくれない。

転校していってしまった仲のいい遊び仲間が、転校後、どのような学校生活を送り、現在どのような暮らしをしているのか、わかりませんが、五〇年近く前の出来事が、昨日のことのように、苦しく残っています。

私は、「除け者にする」ことも、「除け者にされる」ことも、絶対に許せませんでした。これは、難しい理屈でも理論でもなく、小学五年生の私の感性そのものでした。心の叫びでした。

翌年、私が小学六年生になった時、父親が精神病を発病して入退院を繰り返すようになり、失業しました。外科的な病気と違って、精神病であるということで、私の周りでいろんなことが起こりました。

一番頼りになると思っていた親類たちが、まず近づかなくなりました。冠婚葬祭まで排除してきます。いろいろと言い訳をしてくる伯母や伯父にむかって、私は「おばちゃん、おじちゃんたち、わたしたちを除け者にしないで、ひどいことしないでよ」と言い返していました。隣で、母は哀しそうに泣いてばかりでした。私は芯から燃えたぎりました。

そして周りの大人たちは、「じゅんちゃん、かわいそう」と憐れみ、ことあるごとに「負けないで、頑張ってね」と言うようになりました。

「じゅんちゃんは、いくら頑張ってもいくら努力しても精神病の父親がいる限り幸せになれない、かわいそう」、という空気を感じるたびに、「精神病」とは大変なことで、一生付き合う病気なのだと知らされました。

特殊学級・五組の新設や父の精神病の発病から、少数者は、いつも除け者にされることを身をもって知りました。私は「人を除け者にしないし、だれからも除け者にされない」。そんな決意が、明日胸を張って生きていく活力になりました。

命令しない、命令されない
差別しない、差別されない
強制しない、強制されない

そんな人間関係を結んでいきたい。

「違う」からといって、排除したり切り捨てるのではなく、認め合う努力をしていきたい。

私は雑木林が大好きです。一本一本が、それぞれに自己主張し、一本一本が凛として育ち、共生共存して雑木林となる。私もそんな雑木林の一本の「雑木」であり続けたいと思うのです。


〈養護学校教員として〉


養護学校の教員となって初めての赴任校にも、「障がい」によって強制的に就学させられる「養護学校義務化」を阻止しよう、「やっぱり、養護学校おかしいよ」という想いを同じにする仲間が数人いました。

学級通信（もちろん、ガリ版刷り）で、「養護学校義務化の問題点」を、保護者に伝えたり、「養護学校　あかんねん」を上映したりしました。養護学校のなかにいるからこそ、見えること、言えることを確認しました。

そんななかで、おかしいと気付き地域の学校に転校する子もでてきました。

私は、「障がい」があってもなくても、「共生・共育」を研修する校内分掌を常時設置したいと考えていました。そこで、職員会議に「教育・共育を考える会」を位置づけることを提案しましたが、残念ながら否決され実現しませんでした。しかし、数人で、「教育・共育を考える会」の研修会を立ち上げて、学習を深めていきました。都内の運動体とも連携し、校内でも、厳しく意見を交換しあいました。充実はしていましたが緊張の日々でした。いつも「ごくごくあたり前のこととして、どの子も地域の学校で」学ぶのが基本である、は貫かれていました。

「ごくごくあたり前のこととして、どの子も地域の学校で」の実現のひとつとして「就学時健診拒否」運動を仲間たちと創りました。「小学校に入学試験は要りません」というチラシを配ったり、「市民による就学相談」を開店して、地域の学校への入学をすすめたり相談にあたったりしました。いまも「八王子保育教育を考える会」で、事務局のひとりとしてその活動は継続しています。

私の四人の子どもたちも、「就健拒否」をしました。連れ合いと連名で入学予定の小学校と保育園に「就健を拒否する理由」を文面で告げ、話し合いをもちました。「障がい」があっても養護学校ではなく地域の普通学校での就学を希望して精力的に就学実現闘争をした岩楯恵美子さんや金井康治さんの話を交えて理解を求めました。

就健の日、子どもが年長組でひとり保育園に居残ることになるので、配慮などをお願いしました。「えっ就学時健診って、拒否できるんですか?」と驚いていた若い保育士さん。「そんな考えがあることがわかり新鮮でした」と応え、「私もできるなら、一緒がいいと思います」とうれしく返してきました。

小学校は、当時学校全体として「どの子も受け入れる」方針の学校だったので、「障がい」のある子と学んだり遊んだりするのは、あたり前のことでしたし、日常的でした。

画一の人工林ではなく、一本一本の雑木がその雑木らしさを決して失わずに、共生共存している雑木林。私は、人間としても教員としても、雑木林の教室、雑木林の学校、雑木林の社会の実現を、目指し続けています。学校も社会も雑木林、みんな違ってみんないいのです。

3 学校とは、教育とは何か——八王子養護学校での実践から

都立八王子養護学校（以下、八養）は、「学校とは何か」「教育とは何か」を問い続け、学校・教育のなかの対等平等の内実について、実践と職場集団づくりの両面から探求し続けた学校だったと思います。

八養に異動した一九八六年四月から一年間は、感動と驚きの連続でした。「こんなこと実現したいな」と考えていた内容が、すでに、学校ぐるみで実現していたのですから。ここで、『八王子養護学校の思想と実践——どの子も一緒の教育を』（小島靖子・小福田史男編、明治

図書、一九八四）を通して振り返ってみます。

(1) 自主的な学校研究活動

八養は、創立以来毎年一回「実践報告会」を実施すると同時に、「紀要」を発刊し続けてきました。私も何回か実践報告会には参加しています。一九八三年十一月には「紀要一七号」を発刊し、一七回目の「実践報告会」を実施しています。そしてこれらに必要な予算は、東京都教育委員会からは一銭の援助も受けず、また内容的にも、文部省（当時）・都教委・校長からも「指導」「助言」されないものでした。経済的にも内容的にも自立していたのです。あくまでも、職場の集団が、自主的に計画を立て、自分たちの実践を報告するものとして貫いていたのでした。感動以外のなにものでもありません。

しかし、私が異動した一九八六年には、都の強制異動により教育実践の継続が困難になるなどして、すでに「実践報告会」も「紀要」の発刊もなくなっていました。

八養では、創立当初から、自主的な学校研究活動を幹にして、職場集団づくりをすすめていくという両輪の学校づくり、教育実践づくりが位置づいていました。

しかし、それらは、順風満帆のものではなく、さまざまな理由により、何度か深刻な危機をむかえ、その反省のうえにたって、論議のうえに論議を重ねて、乗り越えてきています。

そのたびに、あらためて、八養の「学校研究活動の方針」をひとつひとつ、実践に照らし合わせて確認していくという緻密な作業にたち返っています。

その「学校研究活動の基本方針」は、次の九項目からなっていました。

①具体的な八王子養護学校の教育を創造する
②本校教育の一環として、寄宿舎教育の確立をはかる
③ちえ遅れの子の発達を保障する教育を創造する
④研究は実践研究の路線をふまえて行なう
⑤教師である私が、主体的に変革をとげる
⑥民主的な職場体制の確立を現状に即して行なう
⑦教師であるわたしたちが納得しうる教育を創造する
⑧外界からの強制に対して自立する
⑨外へ発展的であり他との交流をはかる

そしてさらに、「基本方針」についての論議・研磨が起こり、「基本方針」が教育における差別の問題に触れていないという提起がなされます。

大きくまとめると次の五点です。

・子どもたちの能力を「判別」したり「選別」したりする事実

・能力によって、子どもたちを種類の異なった学級や学校で教育している事実
・学校教育を受けるにふさわしい能力がないということで、学校教育から一群の子どもたちを排斥している事実
・能力によって、子どもたちの教育内容を質的に分断化している事実
・子どもたちの学力を子どもたちの「能力」のみに帰し、そこから点数や記号で子どもたちを評価しているという事実

そして、それらの問題解決のための具現化のひとつとして、一九七三年九月より、東京都の「入学を希望する障害児の全員入学」という政策に対して、学校ぐるみで抗していくということがありました。八養独自の入学手続き方法を決定し、「判別」をせずに、できる限り、地域の学校に入るよう働きかけていくという取り組みでした。

(2) 主任制思想に抗する実践

一九七五年、文部省が、そして一九七八年、都教委が、多くの反対を押し切って、「主任の制度化」を強行しました。

私も教員になりたての初任校で「主任制度化の主任には、絶対になりません」という態度表明をひとりひとりがして、職員会議で「主任制度化を学校現場に決して導入しない」とい

う決定をしていました。

八養の場合、主任制に抗し続ける思想の基盤は、自主的な学校研究活動そのものにありました。実践活動の根元の確かさを感じます。

主任制に抗し続ける思想の源泉は「主事制」の廃止から始まっています。一九七一年三月、年度末職員会議で、「主事制の廃止」が提案されています。

私の初任校は新設校であったこともあり、「主事制」は、幸いに存在してなかったので、「主事制」の導入された学校運営を体験してはいません。

しかし、八養の「主事」は驚くばかりの権力を有していたようです。

主事は、校長より委譲された権限をもって「部会」を召集し、各学部を監督・統括していました。一般教員は、日常の勤務について、主事を通して学校長に届けていました。主事は、校長の幕僚的存在で、随時、「主事会」を開いては、校長より委託された学校運営に関する審議をしていました。それだけではなく、職員の校務分掌、担任及び人事などについても秘密会を開いて校長案作成に当たっていたようです。対等平等な関係などどこにも見当たりません。

「主事制」の廃止について、「舎監長制」の廃止、さらに「舎監」の廃止を実現していきました。ピラミッドをひとつひとつ壊していったのです。

八王子養護学校の
主事制組織図

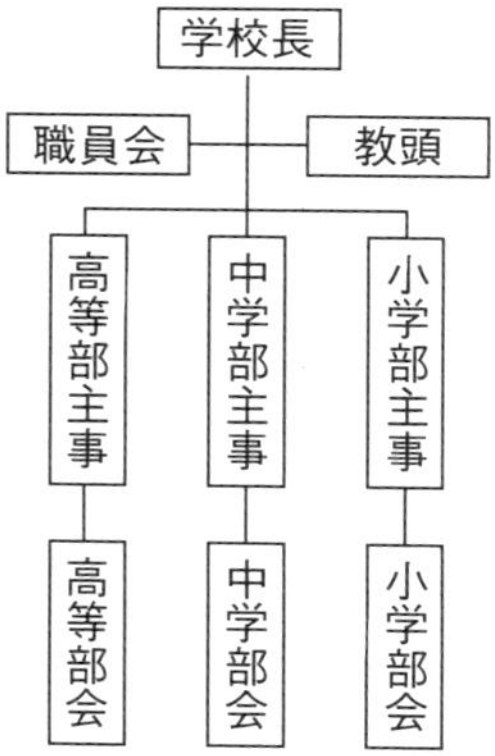

そしてさらに、「主任をおかない学校経営の取り組み」「学校運営上の任務・責任の集団による分担方式」「職員会議の最高議決機関化」と、すすめられていきました。

次に、教育内容から考えてみます。

(3) 教育内容の創造

一九六〇年代には、「精神薄弱児」（当時、このように呼ばれていました）は、「抽象化と一般化能力」が劣っているので、知的教科をいくら教えても、身に付かないし、彼ら自身も喜ばない……という風潮と理論がありました。

そんななかで、八養は意図的に教科教育に取り組みました。「抽象化と一般化能力」が劣っているからこそ、きちんと教科を教えたい、子どもたちに、知的なことを学ぶ楽しさを体験させたい。「特殊教育」は「生活単元学習」で、「普通教育」は「教科教育」というように、教育内容を分断したくない。

こんな決意が、「教科」から国語・算数の学習の原点「原教科」へ、さらに「原教科」から国語的とか算数的とか分けられないような学びの場面「前原教科」へというように、より根源にむかって、試行錯誤をくり返していました。根源に向かえば向かうほど、「教科教育」の限界にぶちあたっていきました。

子どもたちや青年たちを「できる←→できない」という観点で学習段階別という能力別学習形態に分けることへの外部からの批判、内部からの批判から、反省のうえにたち、能力別学習形態の教科教育を変革していったのです。そしてそれは、教員の「学校観」「教育観」「子ども観」を変えていきました。

子どもたちや青年たちは、単に「教える」「発達を促進させる」対象ではなくなり、学校は単に教員が教える場ではなくなっていくのです。

「子どもにとって青年にとって、学校とは何か」の根源的な問い直しを、ひとつひとつの授業のなかで、追求しはじめました。そんななかから「総合的学習」や「ものづくり」の授業が生まれてきたのではないかと思います。教員も子どもたちも青年たちも、自分たちの感じ方を大切にして、共同してあるひとつの事柄を体験していくことを「ねらい」としています。「教育内容」を問い直していくなかで、教員から子どもたちや青年たちへ一方的に「教える」「与える」ことでいいのかという反省が生まれてきたのです。

校内分掌名も創意工夫されていて、どこの学校にも当然のこととしてある「教務部」はなく、具体的な仕事内容を「教育実習係」「教科書係」というふうに「係」化していました。どこにも「主任」など導入しないという決意の具体化に共感しました。どこまでいっても横並び、ピラミッドなどつくれないのです。

「教育実践」と「職場集団づくり」の両面から、対等平等な関係の創造を追求し続けていました。

(4) 行事学習の変革

同時に、「儀式的行事」も変革されていきました。

私は、まず、学校のなかに「……式」というものが存在しないことに感動しました。

一学期はじまりの会（一学期始業式）、一学期おわりの会（一学期終業式）

二学期はじまりの会（二学期始業式）、二学期おわりの会（二学期終業式）

三学期はじまりの会（三学期始業式）、三学期おわりの会（三学期終業式）

入学歓迎会（入学式）、はげましの会（卒業式）

「はじまりの会」「おわりの会」は、各学部、各学年から、何人か「係」がでて、その実施案を職員会議に提案し、その内容を論議し検討して決定していきました。内容は、毎回、斬新でワクワクするほどおもしろいものでした。私も係になったことがありますが、「係会」で、いろいろなアイデアを出し合い、ひとつのものを創っていく活動、その過程は充実したものでした。

「入学歓迎会」も「はげましの会」も、各学部・各学年から係がでて、係会で、みんなで練りあげた内容を実施案として、職員会議に提案し、論議のうえに決定していきました。もちろん、「日の丸」「君が代」の導入などあり得ませんでした。会場装飾もその年の係が提案した創意工夫にあふれたものでした。

会場は、青年たちのエネルギーで満ちあふれ創造的でした。

(5) 議論を重ねて生まれた「ものづくり・総合的学習」

なにものにも「命令させない」「強制されない」研究活動は、教育実践、教育活動の源泉です。

過去において、ひとつの研究テーマを設けて、全員で授業研究を行ない、自主的校内研究活動を通して、学校づくりがすすめられていた時もありました。「論議」して「論議」してが、研究活動の基本です。そして、常に教育実践、授業で検証していくという原則です。「子どもたちや青年たちにとって学校とは何か」の問い直しの論議のなかで、「学校は、子どもに教員が何かを一方的に教える場ではない。子どもたちや青年たちが、子どもたちの人間関係を通じてあるいはさまざまな活動を通して、学び、遊び、自分たちの社会・文化を自主的に創るところ」という視点の転換がありました。

さらに、「差別を否定する養護学校で、『能力別学習グループ』編成で授業をしているのはおかしい」という外部や「障がい」者からの指摘や批判に真摯に向き合って、「能力別学習グループ」の問い直しが始まりました。

これらの内部批判、外部批判、「障がい者」自身からの批判を克服して、「ものづくり・総合的学習」という教育実践・授業が実現していきました。

「ものづくり・総合的学習」では、「人」や「もの」や「こと」に多く出会えて、生活が広げられるような、教育実践・教育活動に向けた論議を繰り返しました。

教員と子どもたち、教員と青年たちとの関係を「教える人／教えられる人」と固定しない設定を具体的に創造していくことの研修を深めながらすすめてきました。悩みながらゆっくりとでした。「ものづくり・総合的学習」は、絶えずわたしたちに「学校とはそもそも何なのか」「教育とはそもそも何なのか」という根源的な問いかけをし続けました。

「ものづくり・総合的学習」はより原材料や素材にせまり、掘りさげてすすめる。そんな教育実践や教育活動が周りに残っていて真に迫りました。便利さや容易さを追いかけ求めた日々の暮らし。地域の人たちと触れあうことも少ない疎遠な暮らし。「そんな暮らしを見直してみたい。青年たちとともに」。私は切にそう思いました。仲間にも語りかけ、語り合いました。

私が八王子養護学校で取り組んだ「ものづくり・総合学習」のテーマは、「多摩の自然と人々の暮らし」でした。もちろん、青年たちの「やってみたい」「やる！」などの多くの賛同を得て、誕生したテーマでした。

「ものづくり・総合的学習」

〈四季折々のものづくり例〉

梅もぎから梅ジャム・梅ジュースづくり
大豆から豆腐づくり（海の家でにがりづくり）
大根の収穫からたくあんづくり
大豆から味噌づくり
よもぎ摘みから草木染め・よもぎもちづくり

〈地域の人、職人さんから学んだものづくり〉

大豆から醤油づくり
こんにゃくいも掘りからこんにゃくづくり

〈手道具でものづくり例〉

そばの実を石臼で挽いてそばづくり

両挽き鋸で原木を切ってベンチづくり
わら打ち棒でこうぞ、みつまたをたたいて和紙づくり　etc

第4章 都立七生養護学校で起こったこと

私は、二〇〇〇年四月から〇五年三月までの五年間、都立七生《ななお》養護学校（日野市）の教員でした。前半の二年間は小学部で、後半の三年間は高等部で過ごしました。

七生養護学校は、「知的障がい」の子どもたちや青年たちが学ぶ学校で、小学部・中学部・高等部の三学部で構成されていました。

また、七生養護学校は、七生福祉園との施設連携校であり、さまざまな家庭の事情で、「親元」で一緒に暮らすことが困難な子どもたちが、半数以上園から通学してくる学校でもあります。

裏山は、春夏秋冬の自然の恵みに囲まれ、自然の教材・教具を最大限活かして授業が展開されていました。教材・教具の宝庫でした。

裏山でのアスレチック（体育）はダイナミックで、子どもたちも青年たちも教員も思う存分、体を動かし、心地よく心身共に解放感を味わうことができました。

また、「しいたけ栽培」では、里山の空気を胸いっぱいに吸いこみながら、いい汗を流すことができました。雨の中で合羽を着ての重労働、収穫したてのしいたけでつくったあったかいしいたけ汁のおいしさなど、労働の厳しさと楽しさが、裏山にいまも在り続けています。

1 都教委の攻撃とまらず

二〇〇三年六月頃より、東京都教育委員会から、まず電話で学校に「性教育」についての問い合わせがくるようになりました。いろいろと聞いてきたようです。この頃は、管理職も、わたしたちに「安心していい。『先生たちは、子どもたちの側にたった授業をしている』と答えているので、大丈夫だ」と言っていました。

しかし、「安心していい」「大丈夫だ」という管理職の言葉は都教委によって次々と裏切られていくのです。

具体的な学校への介入は、同年七月二日の東京都の定例都議会での土屋たかゆき都議（民主党）の一般質問から始まりました。

「最近の性教育は、口に出す、文字に書くことがはばかられるほど、内容が先鋭化し、世間の常識とかけ離れたものとなっています」と、一方的に決めつけ、「小学部の児童に『からだうた』を歌わせています。（中略）歌詞は、男女の性器の名称を歌うことになっています」。

この質問に対して、当時の横山洋吉教育長の答弁は、「ご指摘の歌の内容は、とても人前で読むことがはばかられるものでございまして、男女の性器の名称が、児童の障害の程度や発達段階への配慮を欠いて使用されている、極めて不適切な教材でございます。今後このような教材が使用されることのないよう、教育課程の実施、管理の徹底につきまして、各学校及び、区市町教育委員会を強く指導してまいります」というものでした。

ここで、驚き許せないのは、一回も実際の授業を観ることなく、一度も授業者と論議することなく、「不適切」と決めつけたことです。横暴そのものです。教育現場、学校現場への一方的な土足での介入のはじまりでした。

七月四日、都議会でのやりとりの後、土屋氏と古賀俊昭氏（自民党）、田代ひろし氏（同）の三人の都議が、産経新聞の記者、都教委の指導主事ら数名とともに、「視察」という名目で来校し、保健室の大切な教材を一方的に取材し、重要な教材をほとんど持ち去っていきました。

翌日の七月五日、産経新聞は、「過激性教育　まるでアダルトショップのよう」という見出しで、全国に報道しました。大切な教材を「アダルトショップ」と同一視したのです。

掲載された写真に、さらに愕然としました。下着を足元まで脱がされて、女性器、男性器を丸出しにされて、床に仰向けに転がされている人形たち。それらを真上から写しているのです。悪意にみちた報道でした。

「アダルトショップにしたのは、だれですか」と、当時私は、都教委に、管理職に詰め寄りました。

教材の、女性・男性の人形たちが、授業のなかでどのように活かされていて、子どもたちや青年たちとともに、授業を深めていったかを一回でも体験していたら、このような報道ができたでしょうか。

子どもたちや青年たち、保護者、そして授業者であるわたしたちは、この歪曲され、悪意にみちた報道に、心身共に大きな衝撃を受け、日々心労が重なりました。

そしてまた、報道による二次被害に、子どもたちや青年たちも、保護者も、わたしたちも悩んでいました。地域の学校に通う妹や弟たちが、クラスメートから、「おまえの姉ちゃんのいっている学校、エッチ学校、エッチ学校」とはやし立てられていたのです。

保護者たちは怒り、七月十七日、都教委への要請行動の際、「産経新聞に『事実誤認であるという訂正記事、さらに謝罪記事を載せてほしい』と伝えてください」と強くせまりましたが、ついに果たすことはできませんでした。

保護者の切実なる訴え、「『保健・性教育・こころとからだの学習』は、我が子にとって必要な命の学習です。ぜひ、続けてください」という声も、都教委は抹殺しました。都教委は、「保護者との連携を」「保護者の声に耳を傾けるように」と日々唱えていたのですが。

2　どうして全校で性教育・こころとからだの学習に取り組んだのか

七生養護学校での性教育は、当初は多くの養護学校の高等部で授業化されていたように、青年期を迎えた高等部で、生きていくうえで決して避けられない大切な内容として「保健」の領域のなかで、実践されていました。

しかし、学校や福祉園で「性的な行動」があることがわかり、さらに子どもたちと青年たちの聞き取りをしていくと、すでに小学部生のころから性に関わる行動（性被害・性加害を含めて）があることが明らかになりました。

学校も福祉園もそのことを深刻に受けとめ「いま、何をしなければならないか。何が必要なのか」と検討し、小学部から高等部まで一貫した授業化に立ちあがったのです。

七生の子どもたちや青年たちにとって、小学部・中学部での「こころとからだの学習」と高等部の「性教育」は、緊急かつ必要な内容として一九九七年からスタートしました。子どもたちや青年たちの視点に立つものでした。迷いながら苦しんでいる子どもたちや青年たちは、行動を通して訴えたのです。この叫びに応える、そのことこそが人を育む真の意味での「教育」ではないでしょうか。

この時期に、福祉園では各寮ごとの代表者による「利用者の性に関する援助検討委員会」が設置されています。そしてさらに、学校と福祉園とで、子どもたちや青年たちの「性」についての情報交換を、常時していこうと、「学校、福祉園との性教育連絡会」がうまれました。これらがきっかけとなり、校内にも「校内性教育検討委員会」が設置されスタートしています。

小学部から高等部まで、保護者や福祉園の方と、日常的に連携をとりながら、各学部の授業は、ていねいにすすめられていました。

たとえば、高等部では、「保健・性教育」の授業をする前に、「さわやかUP《アップ》事前号」という通信を発行して授業内容を詳しく、保護者や福祉園の職員の方に知らせていました。

返信用紙添付の「さわやかUP」でしたので、「授業の○○のところ、もう少し詳しく教えてください」とか、「家でも気になっている事なのですが、なかなかできません。授業で体験できると知り『ほっ』としています。どうぞ宜しくお願いします」などと返ってきます。

授業者たちは、これらの返信をもとに、授業計画を検討して練り直していました。

学校と福祉園と連携をとるために

①組織づくり

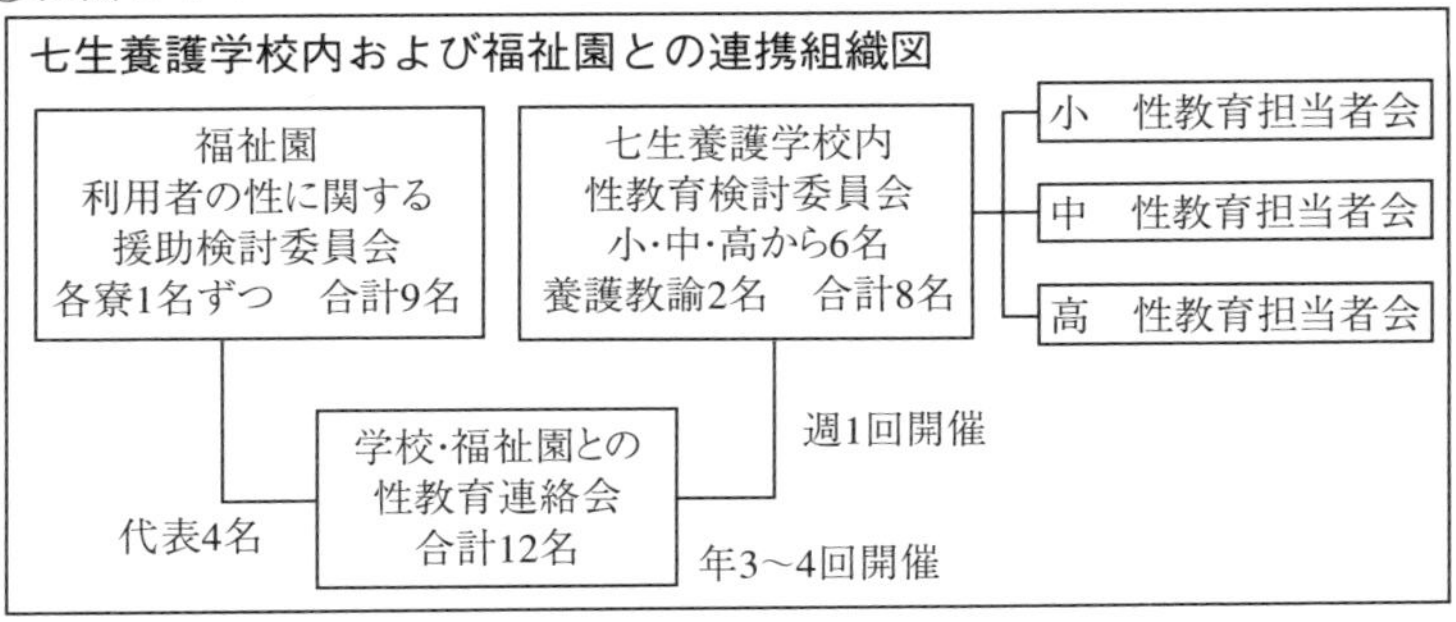

②情報紙や通信の発行

・「Let's talk 教育」（園と学校の情報紙）を発行し、お互いに情報を交換しあいながらすすめていた。
・「WITH You」（教職員のための性教育情報紙）を毎月発行。
・高等部では、授業毎に「さわやかＵＰ」事前号、事後号を発行して、保護者や園の職員の方たちと連携をとりあっていた。

そして、授業です。

授業終了後は、その日に、返信用紙添付の「さわやかＵＰ事後号」を発行して、子どもたちや青年たちの授業のようすを知らせていました。

「夕食の時、赤ちゃんのことが話題になりました。授業で赤ちゃん人形を抱いたことが印象的だったのですね。ありがとうございました」と返ってきます。

「さわやかＵＰ事後号」は、次なる授業づくりの支えになり力強いものでした。

授業者にとっては、タイムリーに発行する「さわやかＵＰ事前号」「さわやかＵＰ事後号」について、「アップ、アップしちゃう」と言いあうほど大忙しでしたが、性教育・こころとからだの学習の授業をすすめるうえで、意義ある通信だったので発行し続けました。

学校と福祉園との情報誌「Let's talk 教育」では、お互いに情報を交換しあいながらすすめていました。「WITH You」は、教職員の性教育情報紙で毎月一回、性教育検討委員により発行されていました。私も性教育検討委員のひとりとして、何回か発行しています。

教育実践は、どんな実践でも完全無欠なものなどありえません。常に反省のうえにたって継続していくものと思っています。七生養護学校の「保健・性教育・こころとからだの学習」も、前述したように謙虚にすすめられていました。

七生養護学校は、私にとって、五校目の勤務校でしたが、「保健・性教育・こころとからだの学習」を、これほどていねいに子どもたちや青年たちの視点にたって、全校ですすめている学校は、初めてでした。

土屋都議が問題にした「からだうた」は、ある教員が想いを込めて作詞作曲したもので、体の各部位を歌で伝えていく癒し系のメロディでした。

歌のなかにでてくる「女性器」「男性器」については、どうしてもニックネーム（例えばオチンチン・チンポなど）で呼ばれることが多いので、小学部の時から正しい名称で伝えていこうと、論議を重ねたうえで、おへその下に「ヴァギナ」「ペニス」があることを歌に盛り込んだと聞いています。

からだうた

あたま　あたま　あたまのしたに
くびがあって　かたがある　かたから
うで　ひじ　またうで　てくびがあって
てがあるよ　「もひとつ」よ　むねにおっぱい
おなかにおへそ　おなかのしたが　ワギナだ
ペニス
よ　せなかはみえない　せなかはひろい
こしがあって　おしりだよ　ふともも
ひざ　すね　あしくびかかと　あしのうら
つまさき　「もひとつ」き　おしまい

「からだうた」は、一対一で向き合って（原則同性同士で）体の部位やボディイメージを伝えていくオリジナル曲です。「からだうた」で向き合っている時、日頃、見落としていることや、見過ごしていることに「気づく」ひとときでもありました。

また、「からだうた」は、性教育・こころとからだの学習のはじまりを意識する歌であり、子どもたちや青年たちもこの歌が大好きでした。

3　ある日の授業から

ある日の高等部二年生の保健・性教育「自分らしく生きる　自分らしさってなあに?・」の授業です。

私は、「性教育」は「生教育」、まさに「生きる学習」「どう生きていくか」を学び合う授業と位置づけていました。

必ず授業の初めには、『「こどもの権利条約」絵事典』（木附千晶／福田雅章・文、森野さかな・絵、ＰＨＰ研究所）や『11の約束　えほん教育基本法』（伊藤美好／池田香代子・著、沢田としき・絵、ほるぷ出版）、もちろん憲法にも触れ、「いや」なことや「おかしい」ことには、「だめ」「Ｎｏ」とはっきりと言って逃げ出していいことを伝えました。ロールプレイなどを授業のなかで展開して、より具体的な伝わり方を追求しました。

「イヤ」と言えず、逃げ出すことができずに性被害を受けてしまうことが多々ありました。「自分のことを大切にできない人は、お友だちのことも大切にすることができない」という「気付きの学習」では、性加害のことを学び合うことができました。「わたしたちは、一人ひとりの生命と思いをたいせつにします（以下略）」（『11の約束　えほん教育基本法』前文より）。

「自分らしく生きる　自分らしさってなあに?・」の授業の前に、「女らしさ、男らしさ」について授業化しました。「女の人の体」「男の人の体」については、体の各部位の働きとともに体の違いについてもすでに学んでいました。

「『○○さんは女らしい』とか『女らしくしなさい』とか聞くけれど、いったい女らしいってどんなことだと思う？　ここで、だしてみようか」と投げかけると、どんどんおもしろいようにでてきます。板書が間に合わないくらいの勢いです。

「やさしい　髪が長い　料理が上手　声がきれい　お化粧をする　腕の力がない　太っている　服をつくる　編み物が上手　ごはんをつくる　すぐ泣く　ことばがやさしい　ｅｔｃ」。

「じゃあ、今度は男らしいってどんなことか考えてみようか。よく『男らしい人』なんて聞くよね、どんな人のことかな？」

「力持ち　こわい　髪が短い　走るのが速い　体が大きい　乱暴　足が速い　筋肉もりもり　体が固い　しごとをする　重いものがもてる　強い　ｅｔｃ」。

次に、出されたひとつひとつについて「本当にそうか」調べることにしました。

「やさしいって女の人だけかな？　やさしい男の人って周りにいな

いかな？」と尋ねると、いままで黙っていたTさんが、自信のある表情で「やさしい男の人います。○くん、やさしいよ。すごくやさしいよ」と指さしながら応えます。○さんは、恥ずかしそうに下を向いています。「そうだ」「やさしいよ」と納得の声が広がっていきます。「やさしいって女らしいことじゃないんだ」と気づいていきます。具体的な人を通して発見していくのです。

「料理の上手な男の人っていない？　どう？」と投げかけると、またTさんが「いるよ。Mくん、キャベツの千切りうまいよ。焼きそばもひとりでつくれるよ」と応えました。三日前の「調理」の時間に、Mさんの見事なキャベツの千切りを見ています。家でもよくしているようです。みんなの記憶のなかにありました。すると、Nさんが「ラーメン屋でも、ファミリーレストランでも、料理つくっているの男の人だよ」と言ったのです。

「本当にそうだ」「男の人だって料理うまい人いるよ」「いる、いるいる」。

「女らしいと思っていたこと」「男らしいと思っていたこと」が、具体例を通じて、どんどん書き直されていきました。

「女らしさ」とか「男らしさ」というのは、どうも周りが、社会が要求している内容であること、実際には周りを見てみると、女の人にもいろいろいるし、男の人だっていろいろいます。いろいろでいい。ここでよく登場する雑木林の話をします。「いろんな雑木が、元気に雑木林をつくっている。一本一本みんな違う。そしてその一本一本が大切にされる。このクラスだって、ひとりひとりみんな違うからこそいいんだと思う。ここも元気な雑木林、ひとりひとりが大切にされる雑木林でありたい」と。

「教育に差別があってはなりません。何じんか、どんな考えをもっているか、女か男か、どんな身分か、まずしいか金持ちか、どこの生まれか、そんなことで差別をしてはなりません」（『11の約束　えほん教育基本法』三条より）に再び戻って確認しあいました。

一本一本が大切にされている雑木林、いろいろな雑木が共生共存している雑木林。ひとりひとりが大切にされている教室や学校や社会。いろいろな人が差別されない教室や学校や社会を創るひとりになっていこう。そんな話のなかから、「自分らしく生きる。自分らしさってなあに」に入っていきます。

「みんな、自分の好きなところ、嫌いなところを考えてみようか」と問いかけました。

黙って考えている人、隣の人と何やら話している人、さまざまです。

今日は、Tさんが、こんな風に話し出しました。「私の好きなところは、カブト虫にやさしいところ。嫌なところは、すぐケンカするところかな」。

Pさんが「毎日、カブト虫のエサ持ってくるから、僕も優しいと思うよ。ケンカはオレもするから……」。

Sさんは、「ない。好きも嫌いもない。ない、ない」と言い切ります。

すると、またPさんが「いいところある。お掃除、一生懸命やっている。さぼらないところ。給食残すのだめ。もっと食べた方がいいよ」。

すると、Sさんは、「お掃除、大好き。給食、嫌いなものいっぱいある」と話しました。

次に、「先生は？」と振ってきます。

「私は、もの事をあきらめないことが好き。ゆっくりしすぎていろんなことに乗り遅れることが多い」。もう一人の授業者は「困難な問題に最後まで挑戦するところがいいところ。すぐ怒り出すことが多いので直したい」と応えました。

Sさんは、「先生も、嫌なこととか、直したいことがあるんだね」と、嬉しそうに言ってきました。

私は、「もちろん、いろいろあるよ。でも私は、そんなの全部まとめて、自分が大好き。自分のこと大切にしたい」。「みんなは、どうかな？」。「努力します」ともう一人の授業者が右手を挙げて続く。ここで笑いが起こりました。

Pさんが、「この間した命の学習で、オレが産まれるまで、いろいろあったのがわかった」

「オレは、世界でひとりしかいないし、やっぱ、自分を大事にしなくちゃね」。

「自分を大切にできる人は、お友だちや他の人のことも大切にできる人だと思うの」。「みんなどう思う?」と、周りを見回すと、またPさんが、「そうかも。相手も世界にひとりしかいないし。オレも大切だけど、相手も大切じゃん」と返してきました。

「自分らしく生きる」には、自分を大切にすることがなければ、難しいのです。「自分を大切にするということ」は、「命」を大切にするということなんだ。そんなことが、みんなにどのくらい伝わったでしょうか。

「性被害」「性加害」「ケンカ」の学習では、「されて嫌なことは、相手にもしない」を確認しあいました。「気付き」や「発見」はいっぱいありました。

私自身が、まず「自分らしく生きる」ことを楽しく模索し続けること。そうでないと相手に何も伝えることができない。「――のために、こんなにしたのに」ではなく、「ただ、するだけ」の自分を磨いていきたい。「……のに」ではなく「……だけ」の実践者でいきたいと思っています。大地に深く根をおろした一本の雑木として。

4　性教育の禁止と処分の強行

しかし、子どもたちや青年たちが大好きであった「からだうた」は、二〇〇三年の秋、一方的に都教委から「歌うな」という禁止命令が出されました。

また、保護者や園の職員や教職員同士の連携を深めるために発行していた「Let's talk 性教育」や「WITH You」も、それから「さわやかＵＰ」事前号・事後号も、すべて強制的に発行禁止になったのです。

同時に、性教育・こころとからだの学習の授業内容についても制約を加えてきました。週指導計画案の強制提出も全都的に始まり、都教委の強制・攻撃は加速していくばかりです。

当時ある研修会で、都教委に、「女性器、男性器をなんと呼べばいいのですか」と質問したところ、「オチンチンでいい」と答えたそうです。「では、女の子は」と問うと、「女の子のオチンチン」と答えたとか。驚くばかりでした。

都教委の攻撃は、性教育・こころとからだの学習にとどまらず、七月七日には、学級編成や教職員の服務に関しても調査を実施し、この調査結果を七月十五日にプレス発表しました。そして翌日の七月十六日付の全国紙で、一斉に「無断で学級数削減、不適正な勤務実態」と報道しました。当時、どこの養護学校も、教育条件整備が不十分ななかで、子どもたちや青年たちの側にたって創意工夫した学習環境を作っていたという事実については、意識的に報道されませんでした。「不適正な勤務実態」など、超過勤務以外どこにもありえませんでした。

長年の経験から学んだ「報道は、どんな報道でもまず鵜呑みにしない。疑うことから始める」がまさに的中する報道内容でした。

七月九日には、七月二日の都議会を受けて都教委が調査のために、三〇人以上の指導主事を七生養護学校に派遣しました。学校は、異常状態でした。私は得意気に校内を闊歩する灰色の人たちがミヒャエル・エンデ作『モモ』（岩波書店）のなかの「時間どろぼう」と重なりました。もちろん、灰色の人たちは指導主事です。大切な時間も、思想も、良心も奪いにきていました。

彼らは二人一組になって、八〇人を越える全校教員から事情聴取をし、「調書」を作成しました。この事情聴取は職務命令（休んだり、拒否すれば処罰するぞ）という形で強行されました。「調書」は人権無視のかたちで作られていきました。

一、「どのようなことを質問されたのか、その答えについて記録したい」と訴えたが許されなかった

一、記録用具は一切持ち込み禁止

一、聞き取った内容を本人に見せて押印させる

人権無視の上に、一貫して高圧的な態度で、まるで、犯罪者扱いでした。

「都立盲・ろう・養護学校経営調査委員会」を、都教委が急きょ、この七生養護学校の件で設置して、最終的に調査結果をまとめたのが、忘れもしない二〇〇三年八月二十八日でした。

その内容については、新聞報道もされましたが、都教委の見解は一貫して変わらずに、教職

員の意見や、教育行政の不十分な対応には、一切触れませんでした。一方的に、当時の校長や教職員が「不適切」であったと報告しています。そしてその報告に従って、都教委は九月十一日に、東京都全体で一一六名もの教職員の処分を強行したのです。

七生養護学校関係でも、「不適切」な性教育をしたとして、私を含む一八名の教員が「厳重注意」の処分を強行されました。処分内容は、授業のなかで「からだうたを歌った」「性交を教えた」というものでした。

同時に、七生養護学校で実践をともにした金崎満校長（当時、板橋養護学校長）の処分は、停職一カ月の後、教諭降格という前代未聞の過重なものでした[注1]。

処分のほかにも、都教委は七月二十九日、「学校経営アドバイザー」設置要綱を急きょ決定して、八月一日付で鷲野一之[注2]学校経営アドバイザーを七生養護学校に着任させます。彼のために設置した要綱でした。

学校経営アドバイザーとは、学校運営上、学校長を補佐し、助言するという役割をもった役職です。上意下達を徹底させる、鷲野学校経営アドバイザーの着任でした。彼は、九月二十四日の職員会議で、次のようなことを威圧的に述べています。

「九月十一日に、前金崎校長の処分の発表があった。これは、前校長ひとりにとどまらず、それに協力して行動を共にした教員は同罪である」「三苦校長は前校長とは経営方針がまったく違っていると判断するが、前校長に協力した教員は、現校長と行動を共にできないはずである。自らの出処進退を考えるべきである」と言い切りました。

他の職員会議でも、わたしたち教職員を脅したり監視したりする内容の発言を繰り返していました。

命令と処分によって、都教委は思い通りの学校づくり、教員づくり、子どもづくりを強行し続けました。学校は、教育の自由を奪われて強制収容所化しつつありました。

〈編集部注〉

（1）都教委は〇三年九月十一日付で、金崎満元校長に対し、「性教育」ではなく、学級編制や教員の加配、勤務時間等に関する不適正な承認などを理由として、停職一カ月の懲戒処分と平教員への降格の懲戒及び分限処分を行なった。これに対し金崎元校長は、処分を不服として〇五年五月十二日、東京地裁に提訴。〇八年二月二十五日、東京地裁は、処分理由の一部は誤認であり、また事実と認められる理由でも処分は重すぎ、裁量権の乱用ないしは誤った発令であるとして、処分取り消しを求める判決を出した。本訴訟は二〇〇九年三月末現在、控訴審継続中。

（2）鷲野一之氏は元小学校美術教員。嘱託として勤務した国立市立第二小、第五小学校で、「日の丸」掲揚・「君が代」斉唱を推進。また、自民党の「過激な性教育・ジェンダーフリー教育実態調査プロジェクトチーム」（二〇〇五年四月設立、座長＝安倍晋三幹事長代理〔当時〕）の〇五年五月に催されたシンポジウムにパネリストの一人として参加している。著書『先生たすけてください——公立学校教員の実践記録』（展転社、二〇〇五）では、七生養護学校での体験も含め、「国旗・国歌」や性教育についての持論を展開している。

5　保護者の声、都教委に届かず

七生養護学校在校生・卒業生保護者の会は九月二十六日、都教委の横山洋吉教育長（当時）宛の要望書（「資料5-1」参照）を出しました。

十二月十九日には、在校生と卒業生の保護者たちが、性教育・こころとからだの学習について、「どう感じていたか」「今回の攻撃について、どう受けとめているか」「今、何を望んでいるか」などについて座談会を開いています。

「本来は性教育って、生きるとか、人権とか、食べることとか、世間一般でいう『性教育』を含みながら、もっと広くて深いものなんですよね。七生養護学校を『過激』って言っている人たちは、やっぱりその事を知らなかったと思う」。

「教育委員会は、人権を守りながら子どもたちのことを考えていただけるところだろう、と私は思っていたんですけれど、なんか大きな間違いだったみたいで」。

「とにかく教材を返してもらい、今までと同じ授業を受けさせたい。学校自体が不安定な状態になっているのを正常なもとの状態に戻してほしい」

「産経報道で子どもたちに貼られた、何かおかしな教育を受けている子どもたちっていうレッテルを、何とかはがしたいと思います。誤解されないためにも」。（刊行委員会編『七生養護学校の教育を壊さないで』つなん出版、二〇〇四年より）

などと語り合っています。

しかし、保護者たちのどの声も、どの叫びも、都教委は抹殺し続けました。決して聞こうとはしなかったのです。

【資料5－1】東京都教育委員会・教育長　横山洋吉様

この度七生養護に起こった一連の出来事に関して大変心を痛めております。全校保護者会が三回開かれましたが充分に当事者の意見や思いを聞いていただいていませんし、あの場で語られた多くの保護者の意見は文部科学省への報告や八月末にだされた都立盲・ろう・養護学校経営調査委員会報告書にも反映されていません。保護者は毎日子どもたちと生活を共にし、意見を表明するのが苦手な子どもたちの代弁者であります。また、将来の自立へ向けて一所懸命、日々共に努力しております。それが全く無視されていると思います。

知的障がいのある人たちの自立のためには様々なスキルが必要です。日々の学習や作業などによって培われる力は卒業後を見据えたものであり、やがて学校を卒業した時に役立つことを保護者は望んでいます。また、一人の人間として自然な振る舞いのできる大人になることを望んでおります。そして、人を傷つけたり人に傷つけられたりすることのないことを願っております。しかし、それはとても困難なことです。

残念なことに悲しい話もたくさん聞きました。世の中は善人や障がい者に理解のある人ばかりではありません。

養護学校の前から車で連れ去られた女の子の話、ケーキ一つで「やさしいおじさん」について行ってしまう女の子の話、痴漢に間違われ、家族と共に暮らすことのできなくなってしまった男の子の話、人前でしてはいけないことの判断がうまくできず、作業所や職場を首になってしまった人の話……。数え上げればきりがありません。また、軽い知的障がいがあり、避妊の知識もなく、次々と父親の違う子どもを産み、自分で養育することができず、里子に出すという例もあり、そんな子どもたちの養育は大変困難です。こんな重い現実の前に親たちの気持ちは焦りを覚え、立ち尽くすばかりでした。

そんな折、七生養護では七年ほど前から性教育に取り組み始めました。それまでは多くの悩みを抱えた親たちは、仲間で語り合い、先輩の保護者や作業所の指導員さん、大学や専門家の先生などといった細々としたつてを頼り、自分たちでお金を出し合い勉強会を開いてきました。しかし母親たちの努力には限界があります。学校できちんと授業の中で取り組まれることになった時には、本当に良かったと思いました。他の養護学校の保護者から羨ましがられることもあり、誇りにも思っておりました。授業の事前、事後にはきちんとした通信が出され、保護者会、公開授業では何度も参観し、学校・先生たちとは綿密に連携していました。また、親元ではなく福祉園から通ってくる子どもたちもいます。自分が大事な存在に思えず、心が傷ついてしまっている子もいます。

あるとき、僕はどうやって産まれてきたのかな、と聞いた子がいて先生たちは大きな袋を縫いました。その中に置かれた温かなクッションの上にその子はうずくまり、おぎゃあと産まれてきて、みんなにおめでとうと祝ってもらいました。この袋の中には、他にも見学したおとなが入って同じような「命が生まれる」体験をしました。自分もこうやって喜ばれて産まれてきたのだと肯定的な体験ができます。どうしてこの袋に

「膣つき子宮体験袋」という悪意ある仰々しい名前がついたのか理解に苦しみます。その他の教材も、先生方が子どもたちの実態に合わせて苦心して作ったものです。一日でも早く子どもたちの元に戻してくださるようお願い致します。障がいのある子たちにとっては反復し、視覚に訴える具体的な授業はとても大事です。今回のような一方的なやり方には何らの客観性も感じられず、多くの保護者が疑問を感じております。一日でも早く今までのような子どもたち中心の学校にもどしてくださるよう切にお願いいたします。

二〇〇三年九月二六日

七生養護学校在校生・卒業生保護者の会　洪　美珍

6　二〇〇三年一〇・二三通達に全身で「No」

都教委は、このとき管理職に過重な処分を行なっただけでなく、すでに、最強の命令書を用意していました。それは、金崎校長に処分が出されてから一カ月後に出された、「一〇・二三通達」でした。

この内容は衝撃的で、驚くばかりでした（「資料5-2」参照）。国旗に向かって国歌を歌うこと。「君が代」はテープではなく、ピアノ伴奏ですること。フロアー形式の廃止。教員の服装は厳粛であれ。などなど。違憲・違法以外の何ものでもありませんでした。

都教委により、性教育・こころとからだの学習が、徹底的に攻撃されていました。そして、厳重注意の処分を強行されていました。上意下達はすでに貫徹されていました。校長会もすでに校長連絡会に変貌し、もの申すどころではなくなっていました。「一〇・二三通達」は、どんなに違憲・違法の内容であっても、大手を振って、学校現場・教育現場を牛耳ったのです。前段階として、学校管理運営規定で、職員会議の位置づけや、予算委員会を上意下達に変貌させたという、きな臭い前兆は確かにありました。職員会議でそのおかしさを論議しましたが撤回できませんでした。この頃より、都教委の暴走は始まっていたのです。「一〇・二三通達」は、その仕上げです。

当時、私は教員生活二九年目でしたが、全身に衝撃が走りました。「おかしい」「もう、黙っている時ではない」。

「一〇・二三通達」には全身で「Ｎｏ」でした。

それまで七生養護学校では、職員会議が自由闊達に、また民主的に運営されていました。「入学式」「卒業式」は、論議をていねいにした方がいいという観点から、八月が過ぎると議題として提案されていました。

まず、入卒実行委員会から「日の丸・君が代」が導入されない原案が提案されます。校長から、「立場上、『日の丸』を三脚で体育館の隅に、『君が代』のテープを流させてほしい」という対案が口頭で出されます。老若男女、いろんな視点から、原案支持、校長案の批判、反対意見が出されました。校長案賛成者で意見を述べたのは一〜二名だったと記憶しています。

論議して、論議して、会議は伯仲します。「卒業式」が近づいてきて、タイムリミットの日、仕方なく妥協案になります。論議はまだまだ尽きません。

「管理職に、きちんと思想良心の自由があることを、会場ではっきりと述べてもらう。そしてその次に文言として、『ご賛同ある方は、お立ちください』と明言する」ことを確認しました。当日もその通りに実施されていました。

会場装飾も、係の人のアイデアが提案され創意工夫されていました。壁面は、子どもたちの作品で満ちあふれ、手づくりの装飾があたたかく雰囲気を盛りあげていました。

それが、一枚の通達で一変するのです。

二〇〇三年度の「入学式」は、いままで通り実施されました。

しかし、その同年度の「卒業式」は、学校として一度も反省することなく、論議することなく、まったく「別ものの卒業式」になってしまいました。壁面は紅白幕一辺倒、色彩的にも落ち付かなく、手づくりのあたたかさは、一方的に除去されてしまいました。

卒業式当日、私は最後の抵抗だという確信、教育の実践者としてできることとして「君が代」不起立をしました。ほぼ全員起立しているなかで、数名の青年たちが座っています。そこに、とんできた教頭は、私に三回、まるでロボットのように「立ってください」と言った後に、「きみたちも、立ちなさい」と青年たちを恫喝しました。教頭が去った後、一人の青年は、「先生、起立しなければならないのは、先生たちだけですよね」、「教頭先生、おかしいですよね」と訴えてきました。ただ「立たせる」ことに躍起になっている教頭でした。

【資料5-2】10・23通達の「実施指針」(2003年10月23日)

入学式、卒業式等における国旗掲揚及び国歌斉唱に関する実施指針

1　国旗の掲揚について

入学式、卒業式等における国旗の取扱いは、次のとおりとする。

(1) 国旗は、式典会場の舞台壇上正面に掲揚する。

(2) 国旗とともに都旗を併せて掲揚する。この場合、国旗にあっては舞台壇上正面に向かって左、都旗にあっては右に掲揚する。

(3) 屋外における国旗の掲揚については、掲揚塔、校門、玄関等、国旗の掲揚状況が児童・生徒、保護者その他来校者が十分認知できる場所に掲揚する。

(4) 国旗を掲揚する時間は、式典当日の児童・生徒の始業時刻から終業時刻とする。

2　国歌の斉唱について

入学式、卒業式等における国歌の取扱いは、次のとおりとする。

(1) 式次第には、「国歌斉唱」と記載する。

(2) 国歌斉唱に当たっては、式典の司会者が、「国歌斉唱」と発声し、起立を促す。

(3) 式典会場において、教職員は、会場の指定された席で国旗に向かって起立し、国歌を斉唱する。

(4) 国歌斉唱は、ピアノ伴奏等により行う。

3　会場設営等について

入学式、卒業式等における会場設営等は、次のとおりとする。

(1) 卒業式を体育館で実施する場合には、舞台壇上に演台を置き、卒業証書を授与する。

(2) 卒業式をその他の会場で行う場合には、会場の正面に演台を置き、卒業証書を授与する。

(3) 入学式、卒業式等における式典会場は、児童・生徒が正面を向いて着席するように設営する。

(4) 入学式、卒業式等における教職員の服装は、厳粛かつ清新な雰囲気の中で行われる式典にふさわしいものとする。

第5章
東京都の教育の変貌

　私が「知的障がい児」の施設労働者から教育労働者になった一九七五年当時の学校現場は、かなり理論先行で「理論より実践」で、がっぷりと四つに組んで施設の子どもたちとすごしてきた私には「学校」は、苦痛以外の何ものでもありませんでした。

「やっぱり教員という仕事は、好きになれないな」と思い、一週間目に密かに墨をすって「退職願」を筆で書き、退職することを決意しました。

　しかし、その時、「教員は、いろいろな人材がいていい。その方がより多くの子どもたちが救われるはず」、「学校や、社会は、多種多様な雑木が共生共存のできる雑木林でありたい」という持論の「雑木林論」が語りかけてきました。これが、退職へブレーキをかけました。

　私は、退職を踏みとどまり、二〇〇八年で教職年数三四年目になります。その間、「知的障がい」「視覚障がい」「肢体不自由」とさまざまな「障がい」のある人たちと向き合ってきました。

ここに、三四年間の「東京の教育」の変貌ぶりを具体的に記してみたいと思います。

1　職員同士の話し合いが消える

かつて職員室は、大切な語り合いの場でした。

学年担任グループの人たちと、学年を越えて、または、管理職の人と、お茶を片手によく語り合いました。「子ども観」「学校観」「教育観」そして「人生観」など、話題はつきませんでした。そして、これらのひとつひとつが、実践を磨くものでした。「もの」ではなく「人」と向き合っている職場だという充実感が日常的にありました。

今、職員室は、パソコンに向き合って仕事をしている教員たちの姿が目立ちます。語り合う時間は、書類作成の時間になっています。学校現場、教育現場が、書類優先になりつつある危惧を日に日に強く感じています。

こんな日常のなかで、果たして子どもたちと向き合っての「会話」「対話」を大切に受けとめることができるのでしょうか。学校現場から、教育現場から、語り合う時間が消えていくということは、最大の教育の危機だと思っています。

メール社会になりつつある現在だからこそ、きちんと向き合って、目と目を合わせて、会話する、対話することの必要性を、さらにさらに強調したいと思っています。

決して文字の力を否定しませんが、面と向かい合っての言葉の力は、その強弱、抑揚などで、より具体的に、その場で即行き交い、心に迫ってくるものがあります。

教育実践は、授業は、生き生きと生きている子どもたちや青年たちが相手です。「もの」ではないはずです。だからこそ、教員たちが、もっともっと会話し対話することの必要性、その大切さを痛感しています。生きた言葉で大いに語り合うことこそが求められています。

〈職員会議から「論議」が消える〉

私は、一九七五年に東京都の教員に採用された日から、「一〇・二三通達」が出された二〇〇三年十月二十三日までは、職員会議は最高議決機関であり、学校のすべてのことを「論議」して「論議」して決定していく最も重要な会議と位置づけて、大切にしてきました。

私の初めての勤務校は、創立二年目の都立高島養護学校でした。民主的な学校を創ろうという気迫に、学校中が満ちあふれていました。その光景がいまでも鮮明によみがえってきます。

教員なりたてのその時、多くの反対を押し切って、「主任制度」が導入されました。

第1章12でも触れたように、この「主任制度化」については、校長を筆頭に老若男女すべての教職員が猛反対でした。

学校現場・教育現場に、「主任制度」を持ち込むことに危機を感じ、職員会議は、毎回熱い論議を繰り返しました。当時、私も含めて、保育園児を抱えている教員は、数多くいましたが、保育園のお迎えを連れ合いなどに交替して、職員会議に臨み、意見を述べ合いました。ひとりひとりの真剣な表情がいまも鮮明に心に残っています。

ひとりひとりが自分の顔をもち、自分の言葉で堂々と意見を述べ合い、みんなが、納得のいく結論にもっていこうと努力する姿がありました。それらのことは決して特別なことではなく、あたり前のことでした。

どんな議題も、係による、委員会による原案提案があります。

「○○は、どういうことですか」、「このことについて、もう少し説明してください」という質問を経て、賛成意見、反対意見、補強意見を出し合い、「論議」しあって、ひとつの結論に到達していきます。この道順を踏みながら、決定していくことを大切にすすめてきました。

「論議」のうえに「論議」を重ねた結果、どうしても結論を見出せない時は、挙手して採決し決定してきました。できるだけ民主的に、職員会議が運営されるように努力をしてきました。

そしてさらに、「どんなふうにしたら、職員会議を、より民主的に運営できるか」「より民主的な職員会議を運営するために、何を確認すべきか」を、常に念頭において、年度末に反省、検討されていました。

しかし、都教委による「一〇・二三通達」の発令。そして、二〇〇六年四月の「学校経営の適正化について」の通知で職員会議における職員の意向を確認する挙手・採決を禁止し、学校現場、教育現場から、職員会議から最も重大な「論議する」ことが消え去りました。

「一〇・二三通達」と「職員会議での挙手・採決の禁止」の通知は、わたしたちが戦後大切に築いてきた「民主主義」の根底からの否定以外の何ものでもありません。子どもたちや青年たちの自主組織である、「児童会」「生徒会」の運営にも影響を及ぼすのではないかと危惧します。

都立三鷹高校の土肥信雄校長は、「職員会議での挙手・採決の禁止」の通知について「現場の言論の自由が失われている」、または、「教員に何をいっても仕方がないという空気が広がり、職員会議でほとんど意見が出なくなった。生徒に日々接する教員の声が直接反映されないと、活性化に繋がらない」として、通知の撤回を求めています（『朝日新聞』二〇〇八年五月二十一日付、『学校から言論の自由がなくなる』岩波ブックレット）。

長いこと、学校現場・教育現場を、子どもたちや青年たちと向き合って論議のうえに論議を繰り返して実践をすすめてきた土肥校長の確信そのものであると思います。決して特別なことを言っているのではなく、ごくごく当たり前の事を言っているだけなのです。

教育実践に、教育活動に、不可欠なのは論議することです。その論議することが、学校現場から、教育現場から、消えているのですから非常事態です。

現在、職員会議の設定も論議する時間も保障されずに、ただただ報告の場となっています。職員会議からも会議の「命」である論議することが消えています。

〈教育実践は「論議」のなかから生まれる〉

学年会は、授業を考える、授業を創ることを、根源的に話し合う場です。「どんな授業内容ですすめるか」「どんな授業方法で展開するか」など、真剣に話し合います。その時に「子ども観」「人間観」「学校観」「教育観」が激突することも、多々あります。私は、その「激突」が、とても大切なことと思っています。なぜなら、きちんと向き合って「話し合い」をすることが、不可欠だからです。決して、力で押し切らず確認しながらすすめてきました。

すぐ、「勝ち負け」にもち込んだり、数で押し切ったりする人が必ずいて、しかし一方では「少数者の意見」の尊重を力説する人もいました。でも、論議してものごとを決定していく手順を否定する人はだれもいませんでした。自由闊達に、安心してひとりひとりが「自分」をさらけ出せる学年会を創り出していくことに、かなり敏感でした。そして、私はいつも、若者の意見や感想、想いにていねいに耳を傾けてきたように思います。

そして同時に、学年会が十分に論議できる時間的な保障を決して譲らずにすすめてきました。どんな実践でも、完全無欠なもの、完璧なものなどありえません。常に、反省して、見直し、継続していくものと考えています。

私は、みんなで真剣に話し合いをする学年会が大好きでした。「自分を見つめたり、見つめ直したり」、または「自分を磨く」絶好の場でした。現在も、その姿勢にまったく変わりはありません。

どんなに学年会で激論・激突しても、ひとつの授業を教員集団ですすめられる時、力を合わせて気持ちよく実践できる時、その「学年会」は、私が求めている「雑木林」の学年会です。私は、今、三四年をふり返り「雑木林」の学年会で、教育実践、教育活動ができた日々が、とても多かったと感慨深い想いになります。私の宝ものになっています。

しかし、この四～五年は、「学年会」の時間の保障も徐々に少なくなり、「論議」することが、あまりにも大切にされない雰囲気が充満しているように感じます。あたりまえのように語り合うこと、そしてものごとを決定していくことを、昔のなつかしい思い出にすることはできません。

「職員会議」を論議の場に立ち返らせることと同時に、自分の言葉で語り合うことの楽しさを、日常的に取り戻していきたいと思っています。

2　一〇・二三通達と卒業式、入学式

(1)「一〇・二三通達」以前

私が在職していたころの八王子養護学校では、「入学式」は、新入生にとって初めての授業、「卒業式」は、卒業生にとって最後の「授業」と位置づけられていました。「入学式」も「卒業式」も、授業そのものでした。

「入学式」は、小学部一年生、中学部一年生、高等部一年生にとって学部初めての授業です。

壁面には、子どもたちや青年たちの作品が所狭しと飾られ、楽しげです。正面には、その年の装飾係のアイデアで、「オズの魔法使い」が飛び出したり、子ども用自転車が何台か天井からつるされたり、夢をふくらませた気球が浮かんでいたり、虹と鳩だったりとさまざまでした。床一面の菜の花畑だったこともありました。

新入生ひとりひとりが「抱負」とか「期待」とかを浮き浮きとした表情で語ったり、自分のできることを、手ぶり身ぶりなどで表現して発表しました。

各学部は盛大なアトラクションで歓迎を表現しました。歌あり踊りあり合奏ありでした。会場はフロアー対面式で、新入生と在校生が直接ふれあう場面がいっぱいありました。

「卒業式」は、小学部六年生、中学部三年生、高等部三年生にとって学部最後の授業です。会場には、各学部の卒業生の作品が、卒業制作も含めて大々的に掲示されます。

式の流れは、各学部の卒業生ひとりひとりが大切にされる内容でした。卒業学年の意向が尊重されていました。

小学部六年間の、小学部から中学部九年間の、中学部三年間の、高等部三年間の、小学部から高等部一二年間の、それぞれの総まとめです。当日まで充実した道のりでした。

ひとりひとりに最後の授業として、何をアピールするか話し合って創っていきます。「卒業証書」を受け取りにいくことが式の主なねらいではなく、限られた時間でどのようにしたら卒業生が主人公になれる場とするのかが、最も重要なねらいでした。

フロアー対面式で、在校生と共にいます。各学部の在校生から励ましのアトラクションがあります。卒業生ひとりひとりにスポットライトがあたります。

今、次々に思い出される卒業生とともに創った卒業生との最後の授業。

こんなことができた時もありました。

Aさんは、会場で特技になっていた「バク転をしたい」という強い希望がありました。会

（夕刊）　新聞定価 月ぎめ 3,925円(本体価格 3,738円、消費税 187円)、1部売り(税込み)朝刊 110円、夕刊 50円　第3種郵便物認可

壇上より フロアで

卒業式、小さな抵抗

卒業生主体訴える児童

学校側は儀式重視

田無市の西原小学校

「卒業式はだれのためのものですか」。六年生たちが校長室を訪れ、訴えた。校長は「学校行事だから学校で決める」と繰り返した。「フロア形式」という、より卒業生主体の式を求める児童と、従来型の「壇上形式」を進める校長。「もう決まったこと」と壇上形式の卒業式は覆せなかったが、六年三組の小さな「抵抗」が、父母らを巻き込み地域の教育に波紋を広げた。

東京都田無市立西原小は昨年までの四年間、フロア形式で卒業式をしてきた。卒業証書授与で、ひな壇にいた卒業生が一人ずつ花道を通ってフロア中央の校長の前に出る途中、マイクに向かって自分の夢を語る。その「決意の言葉」が感動的だ、と評判だった。晴れがましい顔、照れた顔。卒業生たちの表情も、よく見えた。それが今年、壇上形式に変わることになった。

これを知った六年三組の児童が二月十八日、フロア形式の卒業式を求める手製ポスター十数枚を校内にはりだした。すぐにはがされたが、代表十二人が校長室に行って校長に会った。

「どうして（フロア形式を）変えるのですか」「主役は六年生です。僕たちの意見を聞いてください」

ほかのクラスの児童を加え、その後も二度、それぞれ十人以上が校長に掛け合っている。

細井邦夫校長は一昨年春、着任した。昨年のフロア形式の卒業式を見たうえで、変更を決断した。

「卒業式はあくまで学校行事。職員会議などで慎重に検討した。毎年、工夫や改善を重ねている。子どもたちの質問には私の考えを時間をかけて話した」

六年生の女子は言う。

「結局この形でも仕方ないのかもしれないけど、納得できる説明をしてほしかった。胸にモヤモヤが残ってる感じ」

子どもたちの動きと前後して、父母グループも「思い出に残る式にしてあげたい」と、校長や市の教育長らに働きかけた。校歌の作詞をしていた縁で、詩人の谷川俊太郎さんにも相談した。谷川さんのアドバイスは、「学校は教師と子どもの共同体。その中でお互い力を合わせてどのように生きるかということが一番大切だ」というものだった。

一方、「フロア形式を求めているのは親の一部だけだ」という父親もい

「壇上形式にしてほし
いう要望を父母が出し
ラスもある。多くの親
かな気持ちで卒業式を
たいと思っている。騒
るのは迷惑だ」と話す

フロア形式は昨年、
な違いはあるものの同
小学校九校すべてで実
れた。しかし今年は壇
式にする動きが強まり
原小を含む二校が壇上
にする方向だ。市教委
田湝志指導主事は「指
領にのっとって儀式的
として実施するようお
した。地域にも様々な
がある。それを総合的
断し、校内手続きを経
えて校長が最終的に決
いる」と話す。

これに対し、西原小
色グループに共鳴する
の六十人余りが三月
日、学校の枠を超えて
った。いずれも小中学
通う子の父母で、それ
の学校の現状や問題点
告。卒業式終了後も
し、地域の教育につい
し合っていくことを確
た。児童の小さな行動
域の父母の連携を生ん

男子児童の一人は言
「結果はともかく、
ことはやった。胸を張
卒業式を迎えたい」

卒業式は二十五日。

フロア形式と壇上形式　フロア形式は、ステージに作ったひな壇に卒業生が中央を向いて座る。教職員や在校生、父母は卒業生を囲むようにフロアに座り、卒業証書授与や校長のあいさつなどはフロアの中央で行われる。ひな壇の卒業生が父母らと向かい合う形になるため、卒業生が主役という印象が強いという。これに対し、卒業生もフロアにいて、校長が壇上であいさつや卒業証書授与をするのが壇上形式。壇上形式の方が厳粛さが増すという声もある。

日の丸にからめて取り上げられることもある。壇上形式では、ステージ奥の壁に日の丸をはれば、会場の正面になるが、フロア形式では正面がなく、日の丸の存在感が薄れることになる。

日教組によると、はっきりしたデータはないが、「子どもを卒業式の主人公に」という取り組みは20年ほど前から少しずつ広がってきた。しかし、ここ数年は儀式性を重んじる流れが強まっているという。

儀式的行事　学習指導要領では「学校生活に有意義な変化や折り目を付け、厳粛で清新な気分を味わい、新しい生活の展開への動機付けとなるような活動を行うこと」とされている。

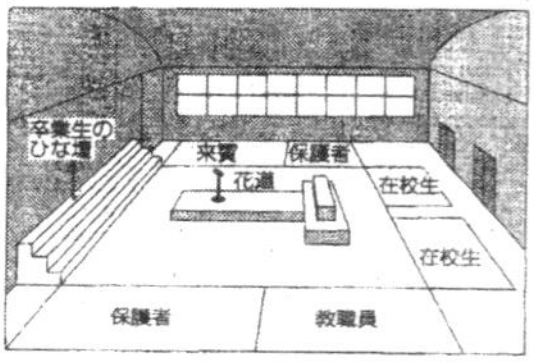

西原小学校で昨年まで行われていたフロア形式の卒業式。父母や教職員・在校生に囲まれる形で、左手前に卒業生のひな壇がある＝東京都田無市芝久保町で

『朝日新聞』1999年3月23日（夕刊）より

場狭しと「バク転」を披露して、拍手喝采でした。

Bさんは、サッカーが大好きでした。昼休みに友だちを誘って校庭でよくサッカーを楽しむ姿が印象的でした。「アピール」は「サッカーボールを蹴りながら歩きたい」という希望でした。大胆です。ドリブルが上達しているのも事実です。サッカーボールをドリブルしながらの入場。歓声がわき起こりました。

Cさんは、日頃の練習の成果がでて水笛が美しく吹けるようになり、得意気でした。「水笛を吹きたい」という希望で、水笛演奏となりました。会場をうっとりとさせ、水笛の音色が清らかに響きわたりました。

(2) 「一〇・二三通達」発令後

「一〇・二三通達」後は、この通達に従った職務命令が発令されるようになりました。「入学式」は、会場装飾がガラリと一変しました。壁面からは、子どもたちや青年たちの作品は除去され、その後に紅白幕が張り巡らされ、正面には創意工夫された装飾に代わり、「日の丸」と「都旗」が中央に貼り付けられました。正面の装飾の創意工夫は、完全に一掃されたのです。東京都のすべての学校の正面は「日の丸」と「都旗」。学校としての独自性も特色も消去されました。

都教委は「特色ある学校づくり」を事あるごとに力説していたのですが、いつのまにか「無個性の学校づくり」「画一的な学校づくり」に変貌したのでした。

「君が代」斉唱時には、テープではなく「ピアノ伴奏」でという命令までして徹底させています。会場での「思想良心の自由について」の明言も禁止されました。教職員ひとりひとりに校長から、「一〇・二三通達」にそった「職務命令書」が強行され、「君が代」斉唱時に、「日の丸に正対して君が代を歌え」と強制されています。

「授業」という創造性は消え去ってしまいました。

「卒業式」も、正面装飾や「職務命令書」発令は、「入学式」とまったく同じです。

「卒業式」は、最後の授業ではなく「卒業証書を受け取る」ことに重きがおかれ、何が何でも壇上へ、と変質しました。何の根拠もないままでの「フロアー対面式」が否定されました。

二〇〇六年に出された卒業式での「君が代」不起立に対する停職一カ月処分の撤回を求める裁判のなかで、半澤嘉博・教育庁指導部主任指導主事（当時）の証言から明らかになったのは、ただただ「式は厳粛であれ」、それだけなのです。壇上と厳粛さがなぜ結びつくのか、その説明は都教委からはありません。

「予算がない」「予算がない」と教育的予算を削減しているなかで、何としても子どもたちを壇上にあげるために、学校によっては、巨大かつ立派なスロープがついたり、階段ができたりする珍事が起こりました。スロープや階段がそんなに大切なのでしょうか。それらがなくても、学校生活や授業には、なんの支障もなかったのです。だれのためのスロープ、何のための階段なのでしょうか。

第6章 「一〇・二三通達には従えません」
――「茶色の朝」を迎えないために

1 「君が代」不起立は教育実践・教育活動のひとつ

私は三四年間の教育実践をもって、二〇〇三年「一〇・二三通達」にはどうしても従うことができません。

(1) 「一〇・二三通達」発令前に起きたこと

第4章で述べたように、都立七生養護学校の「性教育・こころとからだの学習」が、東京都教育委員会、三人の都議会議員（古賀、田代、土屋各議員）、産経新聞によって一方的に「過激」「いきすぎ」「不適切」なものと攻撃されました。戦後の教育史上、前代未聞の政治的な教育内容への介入、破壊行為でした。

その後、教員・保護者とともに、東京地方裁判所に提訴した「こころとからだの学習裁判」（「ここから裁判」）は、最終弁論から約一〇カ月後の二〇〇九年三月十二日に、都議らの行為を「教育への不当な介入」だと認める判決が出されました(※)。

都教委は、「性教育・こころとからだの学習」で、処分を強行してきました。私は、子どもたちと、身体の各部位の名称を伝える歌「からだうた」を歌ったとして、「厳重注意」を発令されています。この時の都教委による「処分の強行」で特徴的だったのは、管理職に重たい処分を科したことです。ともに実践のなかにあった金崎満校長は、停職一カ月の末、「平に降格」になっています。

管理職の首を、都教委は徹底的に締めて、「都教委の言うとおりの管理職」にしました。介入当時の都立七生養護学校の「性教育・こころとからだの学習」は、文部科学省および東京都の教育方針に沿って実施されていました。さらに、学習指導要領に反しないばかりか、東京都の定める「性教育の手引」に沿う実践でもありました。都立七生養護学校の教育は、三人の都議と産経新聞が、二〇〇三年七月に問題にし攻撃してくるまでは、都教委から一度も問題にされることもなく、教育関係者の間で、なんと「校長会」さえも高く評価していたのです。七生養護学校の教員たちは、実際に「性教育」関係の研修会にたびたび講師として呼ばれていました。

しかし、介入後、東京都の「性教育」は、三人の都議らの意向に従って方針転換し、「性教育の手引」も改悪してしまいました。

教育への政治的介入は、断じて許すことはできません。当時は、一九四七年教育基本法下で、第一〇条一項「教育は、不当な支配に服することなく、国民全体に対し直接に責任を負って行われるべきものである」の違法行為そのものでした。七生養護学校の場合は、介入当時、方針上認められていた教育実践を、政治的介入の後に破壊してきたのです。

「性教育・こころとからだの学習」は、まさに、生きる教育「生教育」です。これは、人間としての在り方、生き方に直接的にかかわる教育実践、教育活動だと思っています。子どもたちや青年たちにとって最も必要な「命」に直結する学習です。

一日も早く、持ち去られた教材・教具の返還と、「性教育・こころとからだの学習」の授業再開を望んでいます。本当に一刻も早くです。


〈編集部注〉
※東京地裁は、三人の都議が一方的に教員を批判した行為を旧教育基本法の「不当な介入」にあたるとした。また、都教委が「不当な介入」に対し教員を保護する義務を怠ったこと及び教員らに出された処分は「裁量権の濫用」にあたるとの判断を下した。この判決を受け、原告団、都および都議とも控訴した。

(2) 子どもたちと青年たちと大切にしてきたこと

私の三四年の教員生活で決して譲らなかったものが、二つあります。ささやかな教育実践、教育活動の根幹をなしているものです。その二つは、私が、「いままで、何を大切にして生きてきたのか」に深く関わっています。

ひとつめは、「お互いに、『Ｙｅｓ』『Ｎｏ』をはっきりと言い合おうね。特に『おかしいこと』『いやなこと』には、はっきりと『Ｎｏ』、『いやだ』と言って態度で表そう」ということです。

私は、上意下達のピラミッドによる人間関係や競争原理による人間関係を、極力排して生きてきました。それは「Ｎｏ」と言い合える関係、「Ｎｏ」と態度表明をできる関係を血縁社会や結縁社会で創り実現することです。

対等平等な関係を創り実現していくうえで大切なもの、不可欠なものは、

命令しない、命令されない
差別しない、差別されない
強制しない、強制されない

という関係の創造であり、そのような関係の実現です。

私は、子どもたちや青年たちと向き合う時、いつも最大限、対等平等な関係を意識し、大切

にしてきました。私の血縁社会や結縁社会での体験上、対等平等な関係が創り出す空間は、ひとりひとりが大切にされて楽しい時が流れるのです。画一の競争を強いられている人工林ではなく、一本一本の「雑木」が大切にされ、それらが共生共存している雑木林の楽しさです。

ふたつめは、「わたしたちにとって、女らしく生きるとか男らしく生きることが大切なのではなく、自分らしく生きることを模索していくことが一番大切なこと。自分のことをいっぱいいっぱい好きになろうね」ということでした。

私は、「女だから」「男だから」という決めつけを極力排して生きてきました。「女らしく」「男らしく」という内容が、そもそも歴史的に、社会によって形成されたものであることに気付くことから、「どう生きるか」の模索をスタートさせてほしいと考えていました。

ある時は、ホームルームの時間で、ある時は、社会進路の時間で、ある時は、こころとからだの学習、保健・性教育の時間で。ある時は、日常生活の時間で。

「自分らしく生きることを模索していく」ことの大切さを、そして自分らしく生きている自分を大切にできる人は他者のことも大切にできることを、子どもたちや青年たちと共に共感し共有したいと思っています。

「おかしい」ことや「いやなこと」に、まっすぐ「Ｎｏ」と言い態度表明すること、もうそのこと、そのものが、自分らしく生きている証です。

私が、「命令しない、命令されない／差別しない、差別されない／強制しない、強制されない」視点で「Ｎｏ」と言って自分のできることで態度表明したものがいくつかあります。主任制度化、養護学校義務化、国旗国歌法、教育基本法改悪、戸籍制度、婚姻制度、お墓などです。

戸籍はすべて個人籍、法律婚ではなく事実婚を選び、お墓ではなく死後散骨と決めています。いろんな生き方があっていい。いろんな生き方を認め合いたい。

「私は私らしく、あなたはあなたらしく生きていこうね」ということを、子どもたちや青年たちと、絶えず交歓し合ってきました。決して教え込むのではなく、とことん語り合うなかで、とことん対話するなかですすめてきました。

対話は命です。子どもたちと青年たちと大切にしてきました。

だからこそ、私は真底「一〇・二三通達」はおかしい！　と思っています。違憲違法以外のなにものでもありません。私の「君が代」不起立は私の教育実践、教育活動のひとつであり、具体化なのです。教員として、あたり前のことです。

2　「処分」より「対話」を

(1)「対話」すること、それは人間であること

「対話」を拒否すると、それに代わるものは「命令と服従」しかありません。しかも、「不服従」に「処分」が科せられたら完全に民主主義社会の崩壊です。

都教委は、「対話」を拒否し、校長に対して都教委に二回不服従したら「平教諭」に降格の処分としました。学校現場・教育現場が、「対話」の場ではなく、「命令と服従」の場になってしまいました。

再びここで、私は教員になりたての時に出会った校長の言葉をかみしめています。現にこんな校長がいたのです。

「私は、職務命令を決して発令しません。学校現場、教育現場に職務命令は不要です。職務命令が発令された時、それは学校現場、教育現場の最大の危機です」。

本当にそうです。三〇年以上前の校長の言葉通り、今、学校現場、教育現場は、最大の危機を迎えてしまいました。

ある管理職は、『都教委が、職務命令を連発しろ』と言っている」「職務です」と真顔で言っています。同時代を子どもたちや青年たちと向き合ってきた人の言葉とは思えません。都教委の言うことに従い、何かをする時には都教委に「おうかがい」を立てる。なんと無個性なのでしょうか。「特色ある学校づくり」はどこにいってしまったのでしょうか。

どう考えても管理職になると同時に、人間として最も大切なものを捨て去ってしまったように思えてなりません。残念です。

「対話」することは人間であることの最大の証です。だからこそ、決してあきらめずに、都教委に「処分」ではなく「対話」を求め続けていきたいと思っています。

〈「対話」は「命」そのもの〉

私は、一九八二年から八六年の四年間、都立府中養護学校の訪問学級の教員でした。訪問学級は都立府中療育センターのなかに設置されていました。いろいろな「障がい」のある子どもたちや青年たちといままで多く出会ってきたと思っていたのですが、都立府中療育センター内訪問学級で働いて、もっともっといろいろな「障がい」のある子どもたちや青年たちがいることを知りました。

都の訪問学級がスタートして二年目でした。過年の人（就学猶予だったために実際の学童年齢より高い就学者）が多く、また重篤な人が多い学級でした。

朝出勤しますと、「○○さんが昨夜一〇時に亡くなりました。霊安室に会いに来てください」という悲しい報が入ることもありました。

何人見送ったでしょうか。ひとりひとりの顔が浮かんできます。いまでも、その時の悲しさ、虚しさがよみがえります。もっともっと「対話」したかった、その想いです。

医師や看護師から、「○○さんは、ほとんど見えていないし、ほとんど聞こえてない」と診断されても、わたしたちはさまざまな授業を創意工夫して準備しました。音源と触感を結びつけた教材で、「いや、見えているぞ」「いや、聞こえているのでは」と感じることが多々ありました。うれしいうれしい出会いです。

その根幹を貫いていたのは、どの子ともきちんと向き合って、全身で「対話」することでした。そしてそれは、人と人が向き合う、最も根源的なものです。その子たちや青年たちから送られてくる「Ｙｅｓ」「Ｎｏ」のメッセージ。たくさん逃してしまったのではと、振り返りながら「対話」にこだわります。

〈「処分」ではなく「対話」を求めます〉

「一〇・二三通達」後の初めての卒業式だった二〇〇四年三月二十四日に、どうしても「一〇・二三通達」に服従することができず、「君が代」斉唱時に不起立をしました。そして、私を含む二四三人に処分（減給処分一人、他は戒告処分）が発令されました。この処分を不服として、その多くの人たちが人事委員会に提訴しました（二〇〇四年に処分取り消し請求の訴訟を起こしました）。この提訴の陳述書に、ひとりひとりテーマを付けました。

私は「処分ではなく対話を」という表題を、想いを込めて付けました。本気で「対話」を求めました。

「処分」を強行された時、まず都教委による校長同伴の事情聴取があります。私は、私の人権を守るために、弁護士とともに事情聴取の場に行きました。数人の都教委側の人たちに取り囲まれて、「弁護士の付き添いは認めていません」「河原井先生、事情聴取を受ける意思があるのですか」と繰り返し聞かれます。

「憲法でも守られています。弁護士付き添いの事情聴取を認めてください」。「私は、今、ここに事情聴取にきています」。「なぜ、弁護士同伴を認めないのですか。その根拠を示してください」と迫ります。

「慣例で弁護士同伴は認めていません」と、無表情で答える都教委。

「過去に弁護士同伴を認めた事情聴取があったと聞いています」と私。

「そんなことはありません」「そんな報告は受けていません」と繰り返す都教委。

心配してかけつけた大勢の支援者たちの質問に対しても、「ここは質問に答える場ではありません」。

そして次は、「対話」拒否の無言、無表情のだんまりとなります。

そして、「河原井先生、事情聴取を受ける意思がないのですね」と念を押してくる都教委。

「あります。弁護士同伴でお願いします」「すぐ始めてください」「私は、多く語りたい。対話したいと思っています。すぐ始めてください」と一歩近寄りながら応えます。

「弁護士同伴は認めません」「いくら話しても無理ですね」と言い残して一方的にドアの向こうに都教委の人は去っていきました。

事情聴取を拒否せずに、対話を求めている私ですが、都教委は決して応じようとしないのです。そして、事情聴取なしに「処分」だけは強行してくるのです。

私が「都教委に『処分』でなはく『対話』を求めます」と話していると言いましたら、ある友人が、「えっ、そんなこと無理無理。それって、象という都教委の足元にチョロチョロとしている一匹のありんこのひとり言。いつ殺されるか、『対話』なんて絶対にありえない」と言ってきました。

私は、「うう～ん、蟻が蟻を呼んで、そのまた蟻が蟻を呼んで、蟻の大群が象を動かすことがあり」と返しますと、「なるほど、それもありか」と納得していました。

「処分」を科せられたうえに、「再発防止研修」というものを強制されます。

一回目の「不起立」の戒告処分の時は「基本研修」だけなのですが、二回目の「不起立」の減給処分からは、「基本研修」のうえに「専門研修」があります。

一回目の研修の時、多くの受講者が質問すると、講師は「ここは質問するところではありません」と答えるだけでした。「対話」を拒否するわけですから、研修がおざなりで、深まるわけがありません。受講者は不満・怒りをつのらせていました。「研修」と称していながら、内容は「転向」を迫るものでした。

「質問」を受け入れるようになった「専門研修」で、私が「学校において人権侵害があってはならないと思いますが、いかがですか」と尋ねましたら、「そうですね。もし、この研修において人権侵害となることがありましたら言ってください」と話してきましたので、私は、答えました。「この再発防止研修そのものが、もうすでに人権侵害以外の何ものでもありません」と。

講師は黙ってしまいました。また、無言の人になり「対話」ができなくなりました。

二〇〇八年三月十九日、都立八王子東養護学校高等部の卒業式に、多くの支援者たちが「処分するな」と校門前に集まりました。

その時、都教委の人たちが校門内に一直線に十数名並びました。

私は、都教委のひとりひとりに「おはようございます。私は『対話』を求めているのです。人間的『対話』を求めています」と言いながら玄関に行きますと、玄関近くに都教委の一群と少し離れたところに位置していたひとりの都教委が「私もこのような状態を決していいとは思っていません。河原井先生とは、子どもたちと一緒にいる時にいろいろとお話ししたいと思います」と応えてきました。

「対話」を拒否してだんまりを決めていた都教委のなかでただひとりでしたが、人間的な「対話」をすることができました。これはとてもうれしいことでした。都教委のなかにも、現在の学校現場・教育現場に対して「おかしい」と思っている人はいるはずです。「Ｎｏ」と声を出してほしいと都教委の良心ある人に訴えます。そして「処分」ではなく、きちんと「対話」に臨んでほしいと思っています。

3 「日の丸」・「君が代」のこと

〈戦後の「新しい国歌を」の動き〉

戦後、「戦争の反省に立って『君が代』ではない新しい国歌をつくろう」という動きがありました。私は、当然の動きだと思いました。

一九五三年、洋酒の壽屋（現在のサントリー）社長・佐治敬三氏が中心となり、「君が代」に代わる国民歌を公募して、なんと作詞応募五万点、作曲応募三万点のなかから「われら愛す」（芳賀秀次郎・作詞、西崎嘉太郎・作曲）を選んでいます。

一方、日本教職員組合（以下、日教組）は一九五一年、「教え子を戦場に送るな」というスローガンとともに、「新国歌制定運動」をたちあげて、国民歌「緑の山河」（原泰子・作詞、小杉誠治・作曲）を選びました。このほぼ同時期に、元号一本化の法令に対する疑問から、元号廃止の動きもありました（しかし残念ながら、廃止に至りませんでした）。

しかし、一九五八年の学習指導要領の改訂告示の「行事等は国旗を掲揚し君が代を斉唱させるのが望ましい」に阻まれて、「われら愛す」も「緑の山河」のどちらも国民歌としては、無念ですが定着することはありませんでした。卒業式に「緑の山河」を歌って教員が処分される事件が起こっています。

この時に、なぜ国民的議論、「対話」のうねりで「君が代」に代わる「新しい国歌」が誕生しなかったのでしょうか。

学習指導要領を改訂するたびに強制力が増し、国家統制の道を辿っていきます。

一九七七年には「君が代」を国歌と表記し、一九八九年には「国旗を掲揚し国歌を斉唱させることが望ましい」から「国旗を掲揚するとともに、国歌を斉唱させるよう指導するものとする」と改悪されています。

さらに、二〇〇六年十二月の教育基本法改悪後に改訂された二〇〇八年三月二十八日告示の新学習指導要領には、「愛国心」が追加されました。

それにともなって、音楽の指導計画作成と内容の取り扱いでは、いままでの「国歌『君が代』はいずれの学年においても指導すること」から、「国歌『君が代』はいずれの学年においても歌えるように指導すること」（傍点は引用者）と強化されています。

「新しい国歌をつくろう」から五四年をかけて、「新しい国歌」どころか、有無を言わせぬ「君が代」の強制が貫徹されようとしています。

〈「国旗・国歌法」と「日の丸」「君が代」〉

かつて学校のなかで、「日の丸」「君が代」を語る時、「『日の丸』が国旗、『君が代』が国歌という法的根拠はどこにもありません」と説明しました。

そして多くの教職員には、「日の丸」「君が代」に限らず、国の旗、国の歌はあった方がいいという考えと、一方で少数でしたが「果たして本当に必要か、国民的に論議した方がいい」という考えがありました。

高等部の青年たちと、「日の丸」「君が代」について学ぶ時、彼らは映像や家族たちから聞いているのでしょう、「日の丸」「君が代」と戦争は密接に結びついていました。

「日の丸」「君が代」が、国旗・国歌という法的根拠はないので、学校現場、教育現場には、導入しないということですすめていました。

しかし、学習指導要領の改訂のたびに、「日の丸」「君が代」の強制が強化され、校長によって、それらの扱いが異なり、大きく揺れました。「対話」の成り立つ校長とは、交渉を重ねるなかで、ぎりぎりのところで踏みとどまらせるせめぎ合いがありました。
しかし、一九九九年八月九日、多くの反対を押しきって「国旗及び国歌に関する法律」が成立し、八月十三日に公布、施行されてしまいました。この法律は、「日の丸」を国の旗、「君が代」を国の歌とだけ制定したものでした。

国旗及び国歌に関する法律（平成十一年八月十三日法律第百二十七号）

（国旗）
第一条　国旗は、日章旗とする。
2　日章旗の制式は、別記第一のとおりとする。
（国歌）
第二条　国歌は、君が代とする。
2　君が代の歌詞及び楽曲は、別記第二のとおりとする。

だからこそ、当時の小渕恵三首相は、「児童生徒の内心にまで立ち入って強制しようとする趣旨のものではない」と国会答弁していますし、野中広務官房長官も「強制的に行なわれるんじゃなく、それが自然に哲学的にはぐくまれていく努力が必要」と答えています。

また、「起立しない子がいたらどう考えるか」と問われた当時の有馬朗人文部相は、次のように答えています。

「ほかの人に迷惑をかけない格好で自分の気持ちで歌わないことはあり得る。他人をむりやり歌わせないとか、むりやり座らせるとか、こういうことはびしっと指導すべきである」と学校現場・教育現場で「強制しない」「命令しない」ことを明言しています。

私は、「強制はしない」ということで、自分のなかで妥協していました。「強制しない」のなら、「強制されない」のならと、その一点にしがみついていたのです。

「日の丸」「君が代」についてはタブーにしないで、もっともっと自由に語り合うことが、「対話」することが、必要だと思っていました。

「日の丸」「君が代」についての歴史認識をきちんとしたうえで、「本当に国の旗、国の歌が必要なら、どんな旗がふさわしいか、どんな歌がふさわしいのか」を論議すること、対話することが不可欠のことと思っています。

「国民的論議」「国民的対話」を楽しく創り出したい。私の「君が代」不起立は、そのひとつの私なりの提案でありたいと思っています。

私は四人の子どもたちに、連れ合いと相談のうえで、うえから「連《れん》」「界《かい》」「世《せい》」「合《あい》」と名付けました。四人産もうと決意して産んだわけではないのですが、結果として想いが貫かれました。名前を考える時、「女らしい名前」「男らしい名前」は意識して付けないようにしました。四人の子どもたちは「世界連合」となります。世と合が女の子、界と連が男の子です。

私は、「国境のない社会」「戦争のない社会」を強く願っています。

4 二〇〇八年七月十五日の「分限処分」通知

「君が代」不起立による処分はおかしいと共に闘っている仲間に根津公子さんがいます（根津公子著『希望は生徒―家庭科の先生と日の丸・君が代』影書房、参照）。根津さんは、二〇〇七年三月に停職六カ月の処分になり、このあとの処分は免職だと予測されていました。でも、二〇〇八年三月、再度不起立をした根津さんに出された処分は、前回と同じ停職六カ月、〇九年三月も、停職六カ月でした。都教委は免職にはできませんでした。

しかし、都教委は、二〇〇八年七月十五日に通知して即実施するという早急さで、「分限事由に該当する可能性がある教職員に関する対応指針」なるものを出してきました（資料7‐1参照）。「君が代」不起立という理由で解雇される可能性は高くなっているのです。

「分限指針」の第5の（1）～（21）をみてみますと、「一〇・二三通達」に服従をしない教員とともに、病弱な教員も排除しようとしています。教員免許更新制に重ねるかたちで、す

【資料7-1】分限事由に該当する可能性がある教職員に関する対応指針（通知）

第1　目的

本指針は、東京都教育委員会（以下「教育委員会」という。）の任命に係る学校に勤務する教職員（以下「教職員」という。）に関し、分限事由に該当する可能性がある場合の対応の方針を明確にすることにより、公務能率の維持及びその適正な運営をより一層図る目的から定めるものである。

第2　分限処分の意義

分限処分とは、公務能率の維持及びその適正な運営の確保という目的から、教職員がその職責を十分に果たすことができない場合に、任命権者が行う地方公務員法（昭和25年法律第261号）に基づく行政処分のことをいう。

第3　分限処分の種類

任命権者は、地方公務員法第28条第1項第1号から第4号までの一に該当する場合においては、その意に反してこれを降任し、又は免職することができ、同条第4項第1号若しくは第2号又は職員の分限に関する条例（昭和26年東京都条例第85号）第2条に該当する場合においては、その意に反してこれを休職することができる。

第4　分限事由に該当する可能性がある場合

教職員に関し、分限事由に該当する可能性がある場合とは次に掲げる場合とし、教育長は、当該教職員の状況、行動及び態度等から、その内容と程度に応じて分限処分を行うことが相当か否かを判断するものとする。

1　勤務実績が不良の場合、職への適格性に疑念を抱かせる場合、又は双方に該当する場合。

2　心身の故障のため、職務の遂行に支障があり、若しくはこれに堪えない場合、又は長期の休養を要する場合。

第5　分限事由に該当する可能性がある「勤務実績が不良の場合」、又は「職への適格性に疑念を抱かせる場合」の例

教職員が、勤務実績が不良の場合、又は職への適格性に疑念を抱かせる場合とは、次のような例を指す。

これらの例によらないものであっても、客観的に勤務実績が不良であること、又は職への適格性に疑念を抱か

せると認められる場合には、分限事由に該当する可能性がある。

（1）当該教職員の職級において、果たすべき職務を遂行できない。

（2）割り当てられた特定の業務を行わず、その職責を遂行できない。

（3）業務のレベルや作業能率が著しく低い、業務ミスを繰り返す、業務を一人で完結できないなど、不完全な業務処理により職務遂行の実績が上がらない。

（4）業務に対する知識が著しく欠如し、業務の遂行に支障がある。

（5）上司等から研修受講命令を受けたにもかかわらず研修を受講しない、又は研修を受講したものの研修の成果が上がらない。

（6）上司等から受診命令を受けたにもかかわらず、正当な理由がなく、指定医師の診断を受けない。

（7）法律、条例、規則及びその他の規程又は職務命令に違反する、職務命令を拒否する、独善的に業務を遂行するなどにより、公務の円滑な運営に支障を生じさせる。

（8）上司等に対する暴力、暴言、ひぼう中傷を繰り返し、公務の円滑な運営に支障を生じさせる。

（9）協調性に欠け、他の教職員と度々トラブルを起こし、他の教職員の業務遂行を妨害するなどにより、公務の円滑な運営に支障を生じさせる。

（10）保護者、地域の方々、来校者及び電話等の対応で、的確な説明や対応ができず、トラブルが絶えない。

（11）他の教職員や上司等とのコミュニケーションが著しく欠如し、公務の円滑な運営に支障が生じる。

（12）長期にわたり又は繰り返し勤務を欠く、遅参・早退を繰り返し行うことにより、その職責を遂行できない。

（13）業務上の必要がないにもかかわらず、度々無断で離席し、勤務を欠くことにより、その職責を遂行できない。

（14）過去に非違行為を行い、懲戒処分を受けたにもかかわらず、再び非違行為を行い、都及び教職員に対する信用を著しく失墜させている。

（15）当日連絡での休暇の取得が多く、職務の遂行に支障が生じている。

（16）短期間の病気休暇を頻繁に繰り返し、職務の遂行に影響を与えている。

（17）病気休暇や病気休職を繰り返し、勤務実績が著しく少なく、職務の遂行に影響を与えている。

(18) 病気休暇や病気休職により療養中でありながら、その療養に専念しない。

(19) 教科に関する専門的知識、技術等が不足しているため、児童、生徒に対する学習指導を適切に行うことができない。

(20) 指導方法が不適切であるため、児童、生徒に対する学習指導を適切に行うことができない。

(21) 児童、生徒の心を理解する能力又は意欲に欠け、学級経営又は生活指導を適切に行うことができない。

第6　分限事由に該当する可能性のある「心身の故障のため、職務の遂行に支障があり、若しくはこれに堪えない、又は長期の休養を要する場合」

1　教職員が、心身の故障のため、職務の遂行に支障があり、又はこれに堪えない場合とは、職員の分限に関する条例第3条第2項に規定する指定医師が、職務の遂行に支障があり、若しくはこれに堪えないと診断した場合、又は同条例第4条第1項及び第2項に規定する休職の期間を超えて休養を要することが判明した場合をいう。

2　教職員が、心身の故障のため、長期の休養を要する場合とは、同条例第4条第1項及び第2項に規定する休職の期間内に、復職が可能な場合をいう。

第7　分限処分を行う場合

教育委員会は、次に掲げる場合においては、あらかじめ教職員懲戒分限審査委員会に諮問し、その答申を得て、分限処分を行うものとする。

1　教職員が地方公務員法第28条第1項第1号又は同項第3号に該当し、当該教職員に対し指導や研修等を行ってもなお当該教職員の簡単に矯正することのできない持続性を有する素質、能力、性格等に基因してその職務の円滑な遂行に支障があり、又は支障を生ずる高度の蓋然性が認められる場合。

2　教職員が地方公務員法第28条第1項第2号又は同条第2項第1号に該当し、長期の休養を要する疾患又は休養によっても治ゆし難い心身の故障があり、その疾患若しくは心身の故障のため職務の遂行に支障があり、又はこれに堪えないと認められる場合

第8　この指針の実施に関し必要な事項

この指針の施行に関し必要な事項は、教育長が定める。

附則　この指針は、平成20年7月15日から実施する。

べての教職員が、処分の該当者になってもおかしくない内容です。今、生き残れるのは、頑強な体の持ち主でイエスマンの物言わぬ教員だけです。

5 「茶色の朝」を迎えないために

〈おかしいことを見過ごさない〉

私は、停職三カ月（〇七年四月～六月）、停職六カ月（〇八年四月～九月）の間、全国行脚に出かけました。「君が代解雇」を絶対に許してはいけない、その一念で大きな手づくりのリュックを背負って、北は北海道から、南は九州（沖縄は予定）まで、全国に東京の教育現場のすさまじさを知らせたいと、そして目と目を合わせてしっかりと対話をしたいと行脚を続けました。

行脚の親愛なる同行者のひとりに『茶色の朝』（フランク・パヴロフ物語、藤本一勇訳、大月書店、二〇〇三年）がいて、いつも一緒でした。東京の教育現場、学校現場を如実に警告しているからです。

それは恐い恐いお話です。

茶色党のひとたちが、ペット特別措置法で茶色の猫しか飼ってはならないという命令を発令します。「僕」も友人のシャルリーも、他の人もみんなみんな「なぜ茶色だけ?」「それはおかしい」と思うのに、「猫を茶色にすればいいだけさ。あとは何も変わらない」と見過ごし、抵抗せず、あきらめます。命令に従うのです。すると次は「犬」です。命令は止まりません。新聞、ラジオ、本、人びとの服装……。政党の名前、そしてなんとすべてのものが茶色になってしまう「朝」を迎えてしまうのです。みんなみんな茶色になってしまうのです。

だれの身近にも潜んでいるお話です。「命」まで奪われないために、何が大切なのか、何をしなければならないのか、警告しています。

東京都の教育現場は、日に日に「茶色の朝」化が進行しています。真に「命」に迫っています。

全国行脚に出発（2008年8月）

私は『茶色の朝』をカッコ内のように読み代えてお話をしています。

> 茶色党のやつらが（→都教委が）
> 最初のペット特別措置法を課してきやがったときから
> （→最初の一〇・二三通達を課して

きたときから)
警戒すべきだったんだ。
けっきょく俺の猫は俺のものだったんだ。
(↓けっきょく私の良心は私のものだったんだ。)
シャルリーの犬がシャルリーのものだったように。
(↓あなたの良心があなたのものだったように。)
いやだと言うべきだったんだ。
抵抗すべきだったんだ。
でも、どうやって？
政府の動きはすばやかったし、(↓都教委の動きはすばやかったし、)
俺には仕事があるし(↓私には仕事があるし)
毎日やらなきゃならないこまごましたことも多い。
他の人たちだって、
ごたごたはごめんだから、
おとなしくしているんじゃないか？　(同書一二八頁)

最初の「一〇・二三通達」が強行された時、私は都立七生養護学校にいましたが、ほぼ全教職員がこの通達に反対でした。全都的にみても「反対」の方が圧倒的に多かったと思います。「日の丸」「君が代」を支持している教員のなかにも、「一〇・二三通達」の違憲性、違法性について語り、「その命令に従うのはおかしい」と話していた教員たちを多く知っています。それなのに、なぜ「一〇・二三通達」を白紙撤回することができなかったのでしょうか。不思議です。

「茶色の朝」化は、ひとりのファシストがするのではなく、「おかしい」と思っているのに、「へんだ」と感じているのに、「Ｎｏ」と言わずに、態度で表明せずに、いろんな理由を付けて「見過ごす」「抵抗しない」「あきらめる」人、ひとりひとりがするのです。

「一〇・二三通達」は戦後の教育史上、大きな汚点を残すものだと思っています。

今、学校では、子どもたち、青年たち不在の事柄がたて続けに起こっています。「おかしいこと」を見過ごして、抵抗せずにあきらめて受け入れることは、犯罪そのものであると思っています。

〈「予防訴訟」地裁判決を確かなものに〉

二〇〇六年九月二十一日、「一〇・二三通達」により教職員に課せられた義務と処分の無効を求める裁判、いわゆる「予防訴訟」の東京地裁判決が出されました。難波孝一裁判長がこの日出した判決は、「国旗に向かって起立し、国歌を斉唱する義務のないことを確認する」、「ピアノ伴奏義務がないことを確認する」、これらを理由とする「いかなる処分もしてはならない」という画期的なものでした。原告の全面勝訴です。

私も原告のひとりとして、胸が熱くなりました。被告の都教委は控訴し、現在も裁判は続いています。

まだ、数年前のことなのですが、なぜか忘れ去られているような感じがしてなりません。この判決の直後の二〇〇七年三月の卒業式には、教員の意思表明、態度表明としての「君が代」不起立が以前のように増えるかと期待したのですが、現実には、そうはなりませんでした。

でも、私は決してあきらめずに、教育実践・教育活動のひとつとしての「君が代」不起立を、子どもたちの、青年たちの人権侵害に絶対に荷担しない「君が代」不起立を続けていくだけです。

人間として、教員として。

河原井純子養護（特別支援）学校教諭略年表

・は本書関連事項、（　）内の数字は処分の回数

1975年4月	都立高島養護学校の教員となる
1979年	・養護学校義務化
1982年4月	都立府中養護学校に異動
1986年4月	都立八王子養護学校に異動
1996年4月	都立八王子盲学校に異動
2000年4月	都立七生養護学校に異動
2003年7月～	・七生養護学校の「性教育」に政治介入
2003年9月11日	不適切な性教育等を理由に、都立盲学校・養護学校関係教職員116人に厳重注意処分（1）
2003年10月23日	・都教委「入学式、卒業式等における国旗掲揚及び国歌斉唱の実施について」（「10・23通達」）通達
2003年12月26日	七生養護学校教職員79人に「服務事故」理由の第二次処分（2）
2004年3月	七生養護学校卒業式　「君が代」不起立で職務命令違反として戒告処分（3）
2004年4月	七生養護学校入学式　不起立で減給1カ月の処分（4）
2005年3月	七生養護学校卒業式　不起立で減給6カ月の処分（5）
2005年4月	調布養護学校へ異動
2006年1月	調布養護30周年行事　不起立で停職1カ月の処分（6）
2006年4月	停職期間中に八王子東養護学校に異動
2006年4月13日	・都教委「学校経営の適正化について」（職員会議における挙手採決の禁止）通知
2007年3月	八王子東養護学校卒業式　不起立で停職3カ月の処分（7） 停職中、不当処分を訴えて全国行脚
2008年3月	八王子東養護学校卒業式　不起立で停職6カ月の処分（8） 停職中、不当処分を訴えて全国行脚
2008年7月15日	都教委「分限指針」を通知
2009年3月	八王子東特別支援学校卒業式　不起立で2度目の停職6カ月の処分（9）
2010年3月末	八王子東特別支援学校を定年退職

現在を問い未来を孕みたい

そのときは穏やかな空気のなかでやってきた
「国歌斉唱」ひとり静かに座る
周りの子どもたちも 何人か座っている
前から後から感じる 人の林林林
一分もない「君が代」のなかで
長い時間が流れていく
いろんなことがよみがえる
「日の丸、君が代」なぞ 存在しなかった
八王子養護学校での入学歓迎会という名の入学式
はげましの会という名の 卒業式
なつかしいシーン なつかしい顔、顔、顔
なんかあったかい想いがよみがえる
そのあたたかさを つきやぶる
「立ってください」「立ってください」「立ってください」
両手をあげて連呼する 教頭の声
まるでロボットのよう
ここはもう学校ではない

子どもたちの わたしの 思想良心の自由は
憲法は 教育基本法は 子どもの権利条約は
学校は 教育は
現在を問い 未来を孕むのではなかったのか
「現在」を問えない「学校」は学校ではない
「未来」を孕めない「教育」は 教育ではない
私は静かに貫く「不服従」の日常的な営みを
私は穏やかに守りたい 教員の良心を教育労働者の誇りを
そしてつながっていきたい 人、人、人と
現在を問い 未来を孕みたい
いま ここに 大きな大きな うねりを
いま ここに 大きな大きな うねりを

河原井純子

さいごに

とうとう『学校は雑木林』が、この世に誕生しました。

白澤社の吉田朋子さんより、「本を出版しませんか」という最初のお誘いがあったとき、私は、「えっ！」と驚き、戸惑い、「絵本か詩集なら出版したいなと思っていました」と応え、いったん出版のお話はないものになっていました。

しかしその後、「東京の教育の凄まじさ」「信じられない処分の横行」「停職六カ月という重たい累積処分を受けてなお不服従する河原井純子を、人間として、教員として浮き彫りにしたい」というお話になりました。「私たちの仕事は、こんな本を世に出したいという本を世に送り出すことです」という吉田さんの言葉に感激し、背中を思いっきり「グーッ」と押されました。

気付くと、私はなんと「書いてみます」と応えていたのです。

文を綴るのは大好きなのですが、都立七生養護学校時代に、過労から眼底出血をし、その後遺症により、文字離れの生活、文字を綴るのが困難になっていましたので、「想い」と、書く作業の溝に苦しみました。でも「想い」は私のなかで穏やかに生き続け、最後まで綴り続けることができました。

周りの親しい仲間から、「教員は、本を書かない方がいい」「教員の書いている本で、最後まで読めた本はない」と、かなり厳しい事を常に言われていましたので、肝に銘じながら綴りました。

一冊の本を送り出すということは、人間として、教員としての「自分の生き方」を問い続けることでした。そしてそれらはさらに、「これから、どう生きていこうか」という明日を紡ぐ仕事でもありました。

その機会をつくってくださった吉田さんをはじめ白澤社の皆様に心から感謝いたします。

また、おいそがしいなか、解説文を寄せていただいた斎藤貴男さんには、心から「ありがとうございます」という想いでいっぱいです。

『学校は雑木林』が、さらに大地に深く深く根をおろすことができました。

この本が、全国の多くの方に読まれる機会がもたれることを願っています。そして、率直なご批判、ご感想がいただけたらとてもうれしいです。

二〇〇三年という年は、本書に詳しく記してありますが、七生養護学校の「こころとからだの学習保健・性教育」への東京都教育委員会による前代未聞の攻撃、そして「一〇・二三通達」の強行と衝撃的な出来事が続きました。

学校で規制や命令におかしいと感じているのに、見過ごし抵抗しないであきらめる、または、これぐらいだいじょうぶと受け入れていくことを繰り返す、いわば「茶色の朝」化が深まっていくなか、

「茶色の朝」を迎えないために、今わたしたちは何を考え何をなすべきかを全国の多くの人と共有したいという想いと、「君が代解雇」を絶対に許してはいけないという一念で、全国行脚をし続けました。そのなかで、教員への厳しい批判が数々ありました。

「教員は、イラク派兵など教え子を戦場に送り続けているではないか」。

「日の丸・君が代の強制に反対と拳を振りかざしているけれど、学校や教室で、子どもたちや青年たちに強制はなかったのか。その反省はあるのか」。

「一〇・二三通達というとんでもない命令がでているのに、教員はなぜ体を張って阻止しないのか」などなどとありました。

私は、また明日から「がんばらない、あきらめない、たのしみたい、つながりたい」で行脚し続けます。「茶色の朝」を迎えないために。

凛として連なる雑木林が、どこまでもどこまでもひろがっていくことを祈りつつ……

二〇〇九年三月三十一日

河原井純子

〔付記〕私が関わる処分の取り消し等を求めた訴訟では、二〇一二年一月十六日、最高裁第一小法廷が、「君が代」不起立による停職一カ月の処分取り消しの判決を出した。また、高裁に差し戻された国家賠償については、同年十一月七日、都に三〇万円の支払を命ずる判決が出されたが、都側は上告した。

二〇一二年十一月末現在、「ここから裁判」は最高裁第一小法廷にあり、他に四件の裁判が続いている。

船出

今日もあらたに一艘
船出する
大海原に 静かに静かに
我が子教え子を
再び戦場に送るな
という帆を高く揚げて
今日もあらたに一艘
船出する
確かな命の鼓動を
刻みながら

どんな大波に
渦まかれようと
どんな強風に
吹きさらされようと
改憲への航路を
戦争への航路を
拒否する
ひとりひとりの
かけがえのない命が
大切にされる港を
めざして
静かに静かに

今日もあらたに一艘
船出する
船船船の群れ
果てしなく果てしなく
大海原につながっていく
今日の船出に
乾杯
今日の船出に
乾杯

【解説】雑木林の学校を取り戻そう

斎藤貴男

教育問題には万人が一家言を持っている。誰もが多かれ少なかれ学校教育を受けた経験があって、感謝したり恨んだり、いろいろな思いを抱きながら大人になってきているからだ。

一方で、では彼らが具体的な議論のテーブルに着く機会を与えられたとしても、実のある成果が得られる可能性は高くない。自分自身の子どもが学齢期にある場合は別として、どこか遠い世界のように感じられてしまうのが普通だ。それでも教育を熱心に論じたがる素人というのは、往々にして、他人の子どもを都合よく動かすこと自体に悦びを見出しているか、そのことによって何らかの利益を享受しようとする思惑を帯びている場合が少なくないのではないか。

経済や外交など、他のさまざまな分野との、これは決定的な違いのように思われる。だから専門家の主張が尊重されにくい。いいかげんな連中の思いつきや、酔っ払いの戯言以下の意見モドキが幅を利かせる所以である。

もっとも、私自身もあまり偉そうなことを言える立場ではない。教育の分野に初めて強い関心を抱いたきっかけは一九九〇年代半ば、愛娘が通うことになった公立小学校の入学式でのことだった。

桜が満開だった。保護者席の後方からでっぷり太った校長がのっしのっしとやって来て、こちらに尻を突き出したかと思うと、正面壇上の日の丸に深々と頭を下げた。振り向きざま保護者席にも軽く一礼。それまでの私はこの種の問題に格別の問題意識を持ってはいなかったのだが、彼女の態度には強烈な違和感を抱かざるを得なかった。早い話が子どもも親も二の次三の次で、一番大事なのはお国だってのかい、ふざけんなバカヤローと頭にきたのだ。

ややあって一九九八年度の新学期を控え、北関東某県の市立中学校の校長が、中間・期末の定期テストを廃止すると発言した。月刊誌の企画でこの話題を取り上げることになり、当の校長に取材してみて驚いた。

件の発言を報じた新聞や週刊誌は、どれも彼を称して〝異端〟〝反逆者〟などと伝えていた。知識偏重の文部省路線に風穴を開ける大胆な試みという、ありがちな評価なのだが、実態はまるで異なっていた。

その校長は語ったものである。

「定期テスト廃止は、国が示している〝新学力観〟に沿ったものです。ですから前年に私が本校に着任した頃から市教委とは相談をしてきましたし、加配（特定の学校に定員を上回って割り当てる）教員を含め、さまざまな助けをいただけることにもなっています」

新学力観とは従来のような知識や理解、技能の習得よりも関心、意欲、態度を重視した考え方のことだ。この新学力観が浸透していくにつれて、生徒に対する教員の評価のありようが、企業における人事考課とあまり違わないものになっていったように思われてならない。

教育政策についての世間の受け止め方と、実際とが、どこかで微妙に、だが決定的とさえ言えるほどのズレを見せてきている。私がそう考えるようになった、思えばあれが最初だった。

やがて規制緩和——今日で言う構造改革の負の部分を本格的に取材するようになった私は、二一世紀を迎えて教育改革の展開に目を向けた。この時の仕事は拙著『機会不平等』（文春文庫）に収録されている。興味を持たれた読者にはぜひ通読していただきたいのだが、その中で抉り出すことができた、教育改革を進める人々のあからさまな選民意識については、ここでも紹介しておきたい。

なにしろ彼らは、私の取材に対して、次のように語っていたのである。

まず三浦朱門・教育課程審議会会長（当時）。〝ゆとり教育〟を打ち出した二〇〇二年学習指導要領の原案となる答申をまとめた人物だ。

「学力低下は予測し得る不安と言うか、覚悟しながら教課審をやっとりました。いや、逆に平均学力が下がらないようでは、これからの日本はどうにもならんということです。つまり、できん者はできんままで結構。戦後五十年、落ちこぼれの底辺を上げることにばかり注いできた労力を、できる者を限りなく伸ばすことに振り向ける。百人に一人でいい、やがて彼らが国を引っ張っていきます。限りなくできない非才、無才には、せめて実直な精神だけを養っておいてもらえばいいんです。（中略）

平均学力が高いのは、遅れてる国が近代国家に追いつけ追い越せと国民の尻を叩いた結果ですよ。国際比較をすれば、アメリカやヨーロッパの点数は低いけれど、すごいエリートも出てくる。日本もそういう先進国型になっていかなければなりません。それが〝ゆとり教育〟の本当の目的。エリート教育とは言いにくい時代だから、回りくどく言っただけの話だ」

次に江崎玲於奈《えさきれおな》・教育改革国民会議座長（当時）である。かつてのノーベル物理学賞受賞者だ。〝能力に応じた教育を〟と説いていた報告書の真意を尋ねた際の回答。

「人間の遺伝情報が解析され、持って生まれた能力がわかる時代になってきました。これからの教育では、そのことを認めるかどうかが大切になってくる。僕はアクセプト（許容）せざるを得ないと思う。自分でどうにもならないものは、そこに神の存在を考えるしかない。その上で、人間のできることをやっていく必要があるんです。

ある種の能力の備わっていない者が、いくらやってもねえ。いずれは就学時に遺伝子検査を行い、それぞれの子供の遺伝情報に見合った教育をしていく形になっていきますよ。遺伝的な資質と、生まれた後の環境や教育とでは、人間にとってどちらが重要か。優生学者はネイチャー（天性）だと言い、社会学者はノーチャー（育成）を重視したがる。共産主義者も後者で、だから戦後の教育は平等というコンセプトを追い求めてきたわけだけれど、僕は遺伝だと思っています」

まだまだ、この他にも学校教育を終えた若者を採用する側にいる財界人らの暴言の類も私は採集したのだが、ここでは割愛する。いずれにせよ取材で明白になったのは、教育改革ともて囃され、従来の詰め込み主義からの脱却を急ぐ素晴らしいチャレンジだと一般に信じられてきた政策の裏側には、才能や条件、家庭環境に恵まれたエリート候補以外の子どもに対する、剥き出しの差別の眼差しだった。

構造改革の本質がここにある。一九九〇年代半ば、バブル経済崩壊後の中長期不況を脱して以降の日本経済はグローバル化を一気に進め、〝選択と集中〟あるいは市場原理の徹底による生産性の向上を絶対の価値とする新自由主義イデオロギーに基づく社会経済体制の再編成を促進してきた。

そう書くともっともらしいが、要はいかにして生産性が低いと見なされた人間を早めに切り捨て、あるいは自由な――場合によっては社会全体の生産性を阻害する要因になりかねない――生き方を早々に諦めさせて、分を弁《わきま》え支配層に奉仕する国民を量産するか。とりわけ教育分野における構造改革の焦点は、まさにこの点に絞り込まれたのである。

三浦朱門氏の発言を想起されたい。棄民か奴隷か、すなわち三等市民に貶められた人間が身勝手や自暴自棄に陥ることなく、彼の表現を借りれば〝実直な精神だけを養っておいてもら〟い、かつ、彼らにとってより使役しやすい道具とするためには、精神的な統合の手段が不可欠になってくる。

かくて浮上したのが、〝愛国心〟ではなかったか。単純な戦前回帰とは似て非なる潮流だと私は考える。構造改革とともに拡大していく経済のグローバル化は多国籍企業の海外におけるカントリー・リスク対策としての軍事力強化を伴うのが常であり、構造改革のもう一つの本質である日本社会の米国への同化という側面を円滑に達成するためにも、日本人のアイデンティティを保たせる必要が生じた。

かくて日本中の学校を、愛国と序列化・格付けの暴風が襲った。本書で河原井純子さんが活写した東京の惨状は、したがって一九九九年に初当選した石原慎太郎知事による強権政治の産物ばかりでもない。彼の特異なキャラクターが、その異様さを他の地方より際立たせ、暴走に拍車をかけているのは間違いないけれども。

都立七生養護学校での事件は、卑小な暴君に支配された東京都教育委員会が、何が何でも学校現場に介入する既成事実をでっち上げるために仕組まれたと断じて差し支えないだろう。そこから先に東京の教育界で起こった諸々は、本文にしっかりと書き込まれているので繰り返さない。

はっきりしていることが一つある。もはや東京に教育は存在しない。河原井さんたち覚悟を決めた一部の教職員の取り組みを除けば、そこにはただ、調教だけがある。

昔はよかった——とは必ずしも言えない。一億総中流の建前ほどには平等でも何でもなく、部落差別も在日コリアン差別も障がい者差別も、もちろん女性差別も厳然として人々を分断し続けていたのだし、戦争だって自衛隊が直接手を染めなかったというだけで、朝鮮戦争やベトナム戦争を奇貨として、特需や戦争協力の見返りとしての米国市場の開放を享受したからこそ、この国は世界第二位の経済大国になり果せたのだ。

それでも、戦争は絶対悪であるという社会的合意が継続していた事実は重い。何よりも、先生たちが楽しそうに、生き生きと仕事をしていた時代があった。その先生方に学ぶ子どもたちも、少なくとも現在に比べれば、おしなべて幸福だったのではなかったか。

東京・池袋に生まれ育った私は小学校三年生の前期半年間を、千葉県の内房海岸に立地する豊島区立竹岡養護学園（現在の健康学園）で暮らした。虚弱や喘息、肥満など、健康面に問題を抱える児童・生徒のための全寮制の学校で、親元を離れて毎朝毎夕、海岸散歩をし、授業そっちのけで遊びまくった。ここでの毎日のお陰で私は丈夫になり、五十歳の現在まで生きてくることができた。落第が当然の成績でも進級・卒業させてくれた都立高校の温情とも合わせて、公教育にはつくづく感謝している。

最盛期には東京二十三区のうち二十区が、千葉県や静岡県で健康学園を運営していた。ところが財政難を理由に一九九〇年代から閉園されるケースが相次ぎ、今では竹岡を含めた数校だけしか残っていない。『機会不平等』を書いた頃には中野区教委が区立館山健康学園の閉園を急いでいて、抗議に詰め掛けた保護者たちは、「お宅らの子供には、一人当たり年間で一千万円もかけてきたんですよ！」と吐き捨てられたと聞かされた。区教委を取材に訪れたついでに、「実は私も区こそ違いますが、健康学園の出身なんですよ。この金食い虫めと私にも言ってみてもらえませんか」と脅したら黙ってしまった。

河原井さんの文章を読み進むにつれて、竹岡での日々が思い出されてならなかった。あの頃の先生方も、きっと河原井さんのような思いで、僕らを見守り、一緒に遊んでくれていたんだなあと思うと、涙が溢れてきた。

雑木林の学校を取り戻そう。学校は企業の人材養成機関などでは絶対にない。人間のための学び舎なのだから。

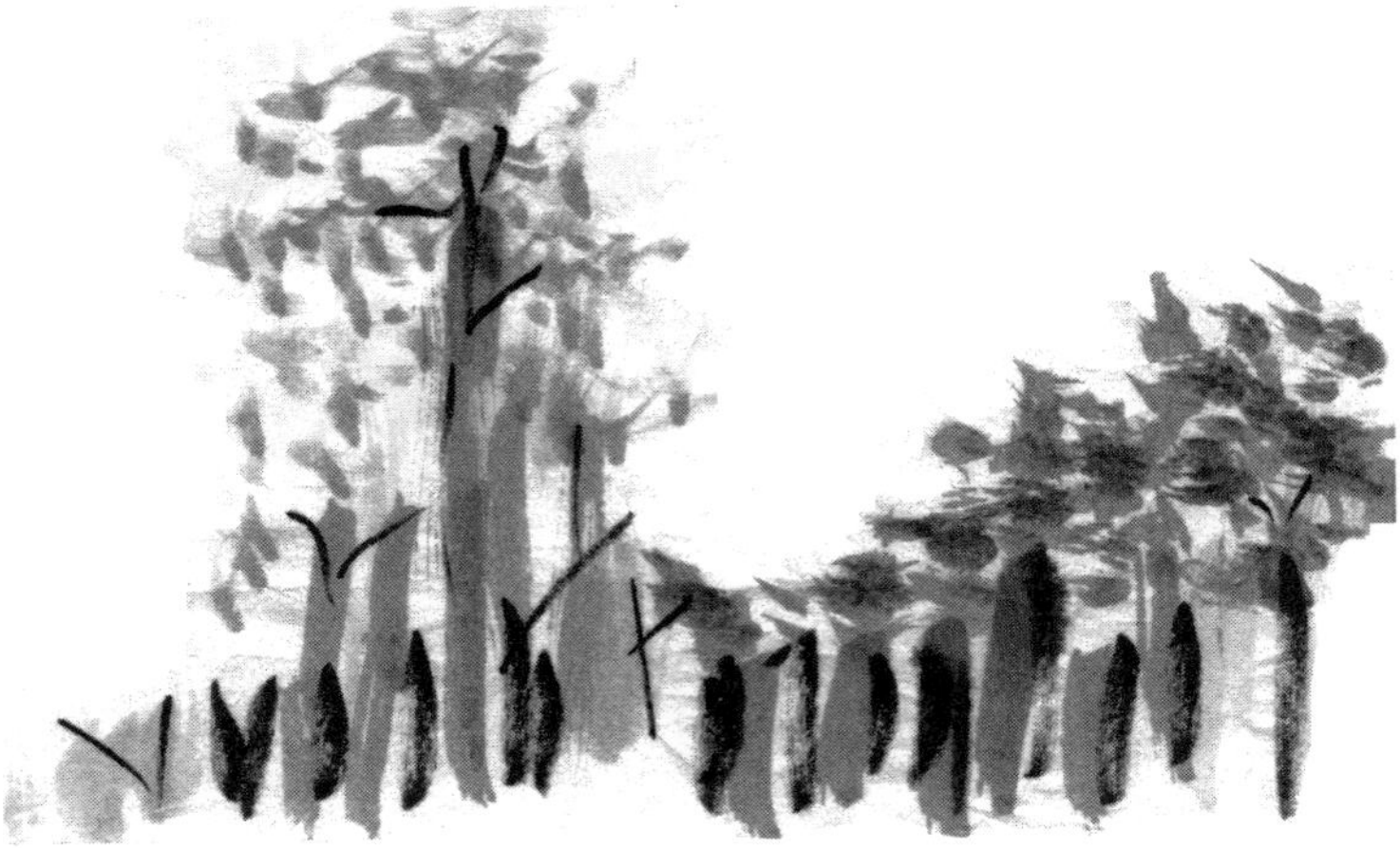

〈著　者〉

河原井純子（かわらい　じゅんこ）

1950年生まれ。知的障がい者の施設労働者として3年、「口先だけ偉そうなことを言う教員だけには決してなりたくない」と決意して教員になり35年勤める。2010年3月末、定年退職。
「国境はいらない」という想いが、4人の子たちの名前の世・界・連・合となる。玄米・雑穀古代米・藍染めが大好き。毎年、味噌を仕込んでいる。
「障がい」があってもなくても共生できる学校や社会の実現を目指しているひとり。

〈解　説〉

斎藤貴男（さいとう　たかお）

1958年生まれ。ジャーナリスト。いち早く社会問題としての格差に着目し、旺盛な取材活動を展開。都立七生養護学校をめぐっては「ルポ〈報国〉の暴風が吹き荒れる」（『世界』2004年4月号、岩波書店）を執筆。
著書に、『機会不平等』（文春文庫）、『教育改革と新自由主義』（子どもの未来社）、『安心のファシズム―支配されたがる人びと』（岩波新書）、『「心」が支配される日』（筑摩書房）、『強いられる死―年間自殺者3万人超の実相』（角川学芸出版）など多数。

学校《がっこう》は雑木林《ぞうきばやし》——共生共存《きょうせいきょうぞん》の教育実践《きょういくじっせん》と「君《きみ》が代《よ》」不起立《ふきりつ》

2009年4月25日　第一版第一刷発行
2009年8月20日　第一版第二刷発行
2012年12月10日　第一版第三刷発行

著　者　河原井純子
解　説　斎藤貴男
発行者　吉田朋子
発　行　有限会社 白澤社《はくたくしゃ》
〒112-0014　東京都文京区関口1-29-6　松崎ビル202
電話 03-5155-2615／FAX 03-5155-2616
E-mail：hakutaku@nifty.com
発　売　株式会社 現代書館
〒102-0072　東京都千代田区飯田橋3-2-5
電話 03-3221-1321（代）／FAX 03-3262-5906

装　幀　臼井新太郎
印　刷　モリモト印刷株式会社
用　紙　株式会社山市紙商事
製　本　株式会社越後堂製本

 ISBN978-4-7684-7928-5